남자아이 10살까지 키우기

9SAI MADENO OTOKONO-KO NO SODATE-KATA by Michio Iida
Copyright ⓒ Michio Iida, 2015
All rights reserved.
Original Japanese edition published by SEKAI BUNKA PUBLISHING INC.

Korean translation copyright ⓒ 2016 Woori Textbook
This Korean edition published by arrangement with SEKAI BUNKA PUBLISHING INC.,
Tokyo, through HonnoKizuna, Inc., Tokyo, and EntersKorea Co., Ltd.

이 책의 한국어판 저작권은 ㈜엔터스코리아를 통한 저작권자와의 독점계약으로 **우리교과서**에 있습니다.
저작권법에 의해 한국 내에서 보호를 받는 저작물이므로 무단 전재와 복제를 금합니다.

아이의 미래를 결정하는
남자아이 10살까지 키우기

이이다 미치오 飯田道郎
(신가카이교육연구소 소장)

우리교과서

머리말

남자아이는 다이아몬드 원석

저는 유아교실에서 주로 4살에서 6살까지의 아이들을 매일 만나고 있습니다. 특히 유치원이나 어린이집의 6~7살 남자아이들 반을 오랫동안 담당하면서 유아들이 초등학교에 입학할 때까지 익혀두어야 할 예의범절과 지식, 기초인격 형성 등을 지도하고 있습니다.

유아기 남자아이는 한마디로 '원석 原石'입니다. 이성인 엄마 입장에서 보면 이해할 수 없는 것투성이입니다. "아무리 말해도 듣지 않아요.", "식사 중에 돌아다니고 가만히 있지 못해요.", "'하지 마!'라는 말을 꼭 하게 돼요.", "꺼낸 걸 제자리에 두지 않고 옷은 벗어놓은 그대로 두고.", "일단 말하기 시작하면 다른 사람 말을 듣지 않아요." 등.
엄마는 심각하게 "왜 이러니?" 하면서 꾸짖기도 하고 고함을 지르기도 합니다. 남자아이의 행동을 이해하지 못하고 마치 장님 코끼리 만지듯이 아이를 키우는 엄마들의 상담도 많이 받습니다.

남자아이의 엄마가 된다는 것은 하느님으로부터 다이아몬드 원석을 선물로 받는 것일지도 모릅니다.

엄마의 미소와 보살핌이 남자아이를 바꾼다

하지만 괜찮습니다. 남자아이는 엄마의 상냥한 미소와 격려, 그리고 배려로 반드시 바뀝니다. 남자아이는 엄마를 세상에서 가장 좋아하기 때문입니다. 좋아하는 엄마를 위해서라면 뭐든지 할 수 있기 때문입니다. 엄마가 해주는 "잘했어!", "멋졌어!" 같은 칭찬만큼 남자아이에게 용기를 주는 말은 없습니다.

반대로 엄격한 태도는 역효과를 냅니다. 단언컨대, 엄격하게 꾸짖는 것으로 남자아이의 문제행동을 바꿀 수 없습니다. 경험상으로도 심하게 혼내서 상황이 좋아진 경우는 별로 없을 것입니다. 혼나는 그 자리에서야 엄마 말을 듣겠지만 무서운 엄마에게 아이가 마음을 줄

리는 없을 겁니다.

유아기에 중요한 것은 '나 그대로의 모습으로 존재하기'라는 철저한 자기긍정의 마음을 갖게 하는 것입니다. 이것이 전부입니다.

그렇다고 해서 말썽꾸러기에 고집불통인 아이를 두고 "절대 혼내지 않는 엄마가 될 거야." 하고 다짐한다는 건 비현실적인 일일 겁니다. 우선은 "이게 혼낼 만한 일인가?" 하고 자신의 의식을 바꾸는 것부터 시작해 보세요. 조금이라도 꾸짖는 횟수를 줄이는 것을 목표로 삼는 것입니다.

이 책에서는 남자아이의 마음에 진심으로 와 닿는 엄마의 말투와 태도, 말을 거는 방법에 대해서도 다루고 있습니다.

쇠는 달궈졌을 때 두드려라!

요즘 유아교육의 중요성이 강조되면서 다양한 연구가 진행되고 있습니다. 연구에 따르면 유아기 교육은 장래의 학력과 사회성은 물론, 진로까지 좌우한다고 합니다. 즉 초등학교 입학을 전후한 유아기가 아이가 삶을 살아갈 기초적인 힘을 기르는 데 가장 중요한 시기라는 것입니다.

초등학교 입학은 처음으로 읽고 쓰기를 배우고 시간표대로 과제를 수행하며 친구와 협력하여 여러 가지 경험을 쌓는 등의 행동을 통해 미래의 인생을 헤쳐 나갈 기초를 만들기 시작하는 커다란 전환기이기도 합니다.

아이가 이 시기에 어떤 자극을 받고 어떤 체험을 하느냐에 따라 이후의 성장이 달라지는 것은 당연한 일입니다. 게다가 이 시기는 가족과 지내는 시간이 많은 만큼, 가정환경의 영향을 직접적으로 받는 시기이기도 합니다. 특히 남자아이의 6살 반~7살는 성장이 왕성한 시기입니다. 이 시기가 아이의 성장판이 될 것인지의 여부는 가정에서 아이를 대하는 태도와 방법에 달려 있다고 할 수 있습니다.

이 책에서는 초등학교 입학을 전후한 남자아이를 주 타깃으로 하여 10살 전후 남자아이의 육아법을 주제로 삼았습니다. 10살은 대개 생후 100개월쯤 되고 뇌가 급격하게 성장하는 중요한 시기입니다.

이 시기에 아이에게 예절교육이며 가정교육을 비롯하여 다양한 교육적 자극을 줌으로써 아이를 비약적으로 성장시킬 수 있습니다.

빛나는 재능을 발굴해낼 계기 만들기

남자아이의 타고난 천성을 살려가면서, 아이들 각자가 자신의 희망대로 자유롭게 자라주기를 바라는 마음으로 이 책을 썼습니다.

여기서 제가 소장을 맡고 있는 신가카이 新芽会 교육연구소에 대해 잠시 설명하겠습니다.

신가카이는 취학 전 유아를 대상으로 다양한 체험과 다채로운 자극을 통해 종합적인 능력을 기르는 것을 목표로 미래에 한 인간으로 성장해나갈 바탕이 될 커리큘럼을 연구·개발하고 있습니다. 덕분에 명문교라 불리는 사립 및 국립 초등학교에 매년 많은 합격자들을 배출하고 있습니다. 창립자인 오오호리 히데오 大堀秀夫 씨가 "잘 놀고 착하게 무럭무럭 자라라."라는 이념으로 세운 사립학원이 저희 연구소의 출발입니다.

흔히 오해하는 부분이지만, 현행 초등학교 입시(일본)에서 중시하는 것은 선행학습과 같은 주입된 학력이나 지식이 아닙니다.

초등학교 입시에서 요구하는 것은 '나이에 맞는 심신의 발달'과 '기본적인 사회성과 협동정신, 의사소통능력 구비' 등 집단활동과 가정교육을 통해 길러진 종합적인 능력입니다. 즉 원만한 학교생활을 하기 위해 꼭 필요한 '살아가는 힘'을 요구하는 것입니다.

이 책에서 소개하는 방법이나 수단은 아직 전문화되지 못한 아이의 능력을 균형 있게 확장시키는 기초도구로 활용할 것을 권장합니다.

유아기 아이의 가능성과 능력을 찾아내는 정보수집이라는 의미에서 아이의 선택지를 대폭 늘릴 수 있을 것입니다. 또한 아이가 원하는 방향으로 성장할 수 있는 환경을 마련하는 데 큰 도움이 될 것입니다.

육아에 모범정답은 없습니다. 생각대로 되지 않는 것이 현실입니다. 아이를 잘 관찰하고 각 가정의 형편에 맞게 재구성해서 실천해주시기 바랍니다.

육아의 최종목표는 아이가 자립해서 자신의 능력을 최대한 발휘하며 살아가는 것입니다. 이 책이 그와 같이 행복하게 살아가는 남자아이 육아법의 이정표가 되었으면 하는 마음입니다.

2015년 3월 좋은 날
이이다 미치오 飯田道郎

남자아이 10살까지 키우기 목차

머리말

Lesson 1 남자아이를 둔 엄마에게 하고 싶은 말

남자아이에게 너무 많은 것을 요구하지 마세요 ········· 20
말과 태도에 애정을 듬뿍 담으세요 ········· 24
성공이 쌓이면 자신감이 생겨요 ········· 28
기다릴 줄 아는 엄마가 남자아이를 성장시켜요 ········· 32
왜 10살까지가 중요할까요? ········· 36
6살 가을은 남자아이 수련기 ········· 40
혼내지 않고 말 잘 듣게 하기 ❶ ········· 43
혼내지 않고 말 잘 듣게 하기 ❷ ········· 47
아이를 성장시키는 멋진 말 한마디 ········· 50
초등학교는 꿈을 실현하는 새로운 무대 ········· 54

Lesson 2 : 능력 있는 아이가 되는 마법의 습관

규칙적인 생활리듬은 평생의 재산 ·········· 60
충분한 수면이 똑똑한 뇌를 만들어요 ·········· 62
몸이 튼튼하면 마음도 튼튼해요 ·········· 64
집안일 돕기의 효용성 ·········· 66
'인내'와 '구별'을 가르치세요 ·········· 68
남의 말을 잘 알아듣는 아이의 비밀 ·········· 70
정말 해주고 싶은 말은 작은 소리로 속삭이세요 ·········· 72
표현력이 풍부해지는 부모와 아이의 대화 ·········· 74
'지기 싫어하는 마음' 조절하기 ·········· 76
남자아이의 자립심을 키워주는 첫 심부름 ·········· 78
인사와 몸가짐 가르치기 ·········· 80
배움은 계속하는 데에 의미가 있어요 ·········· 82
실물을 접할 기회를 많이 만들어주세요 ·········· 84
아이의 개성 키우기 ·········· 86
여름방학 잘 보내는 법 ·········· 88
계절별 행사에 참여하기 ·········· 90
TV와 만화에서도 배울 게 있어요 ·········· 92
바쁜 아빠에게는 선택과 집중이 필요해요 ·········· 94

가끔은 약한 모습을 보여서 아이의 위로를 받아보세요 ········· 96
일하는 엄마는 이른 아침을 활용하세요 ········· 98

Lesson 3 사고력을 기르는 가정학습

스스로 공부하는 아이가 되는 방법 ········· 102
- 책상에 앉는 것을 일상화 하세요 ········· 102
- 옆에서 함께 공부하세요 ········· 103
- 칭찬으로 시작해서 칭찬으로 끝내세요 ········· 104
- 설마 이건 못 풀겠지? ········· 105
- 집중해 있을 때는 말을 걸지 마세요 ········· 106
- 틀렸을 때는 '야, 아깝다!' 하고 말하세요 ········· 107

책을 읽으면 머리가 좋아져요 ········· 109
- 옆에 항상 책을 두는 습관을 들이세요 ········· 109
- 좋아하는 책은 반복해서 읽게 하세요 ········· 111
- 남자아이 마음에 잘 전달되게 읽어주는 방법 ········· 112

수학 잘하는 아이로 키우는 방법 ········· 114
- 종이접기, 블록, 나무블록 쌓기로 도형감각 기르기 ········· 114

교재 고르는 법 ··· 115
 〈풀 수 있을까? ❶〉
 사고력이 길러지는 수와 양 문제 ······················· 116
 〈풀 수 있을까? ❷〉
 사고력이 길러지는 무게 문제 ······························ 118
 〈풀 수 있을까? ❸〉
 사고력이 길러지는 대칭 도형 문제 ······················· 120
 〈풀 수 있을까? ❹〉
 사고력이 길러지는 같은 도형 찾기 문제 ················· 122
 〈풀 수 있을까? ❺〉
 사고력이 길러지는 다른 각도의 사물 찾기 문제 ········· 124

그림으로 표현력과 상상력 키우기 ·································· 126
 이미지화 하는 힘 기르기 ·· 126
10살까지 익혀둬야 할 공부습관 ····································· 128
 7살~초등학교 입학까지 ··· 128
 초등학교 입학~10살까지 ··· 129
 결과를 말하게 하면 이해력이 좋아져요 ···················· 130
 문제 정답 ·· 132

Lesson 4. 손과 몸을 균형 있게 단련하기

손놀림을 잘하면 뇌가 좋아져요 〈손놀림 훈련하기〉 ·········· 134
    젓가락질을 잘하나요? ·········· 136
    병뚜껑을 열 수 있나요? ·········· 138
    도시락을 보자기로 쌀 수 있나요? ·········· 140
    맞매듭을 지을 수 있나요? ·········· 142
    나비매듭을 지을 수 있나요? ·········· 144
    단추를 채울 수 있나요? ·········· 146
    수건을 짤 수 있나요? ·········· 148
    가위질을 잘하나요? ·········· 150
    종이접기를 잘하나요? ·········· 152

리듬감, 민첩성, 지구력 기르기 〈신체 훈련하기〉 ·········· 154
    외발로 서서 균형을 잡을 수 있나요? ·········· 156
    외발 뛰기를 할 수 있나요? ·········· 158
    두 발로 가위바위보를 할 수 있나요? ·········· 160
    스킵 뛰기를 할 수 있나요? ·········· 162
    네발로 걸을 수 있나요? ·········· 164
    물개처럼 걸을 수 있나요? ·········· 166

거미처럼 걸을 수 있나요? ·· 168
공을 튀길 수 있나요? ·· 170
손뼉치고 공받기를 할 수 있나요? ································ 172
제자리멀리뛰기를 할 수 있나요? ·································· 174

Lesson **5** 스스로 생각하는 아이로 키우기

대담 **오토타케 히로타다** 乙武洋匡 vs **이이다 미치오** 飯田道郞

불확실한 세상을 살아가는 힘 기르기 ···························· 179
　남자아이의 있는 그대로를 받아들이세요 ···················· 179
　부부가 머리를 맞대고 자녀교육관을 공유하세요 ········ 182
　의욕의 원천은 자긍심 ·· 184
　'의욕스위치'가 없는 아이는 없어요 ······························ 186
　외발 뛰기도 못하는데 지구를 지킬 수 있을까? ·········· 189
　아이 성격에 맞춘 마법의 규칙 ······································ 190
　남들과 달라서 받는 상처도 경험할 필요가 있어요 ···· 193
　다양한 가치관에 접하게 하세요 ···································· 196

Lesson **6** 다음 세대의 주역을 키운다 – 신가카이 교실에서

아이들은 다양한 것을 배우면서 자라요 ··· 200
    사라져가는 아이들의 '생존력' ··· 200
    체험은 모든 것의 기본 ··· 202

행동을 관찰하면 능력이 보여요 ·· 204
    팀플레이가 가능한가? ··· 204
    일상생활 속에서 의사소통 능력 키우기 ·· 206
    체험의 장 늘리기 ·· 208
    〈할 수 있을까?〉 행동관찰 ❶ ··· 210
    동물 모으기(와세다실업학교 초등부)
    〈할 수 있을까?〉 행동관찰 ❷ ··· 212
    노래 · 모방체조 · 율동(릿쿄초등학교)

몸으로 배워요 ·· 214
    보고 따라 해서 생각 전하기 ··· 214
    큰 소리로 또박또박 말하기 ··· 215
2박 3일 합숙으로 아이가 변해요 ··· 218
    인생관을 바꾸는 소중한 체험 ··· 218

맺는말

Lesson

1

남자아이를 둔 엄마에게 하고 싶은 말

남자아이에게 너무 많은 것을 요구하지 마세요

"자, 모두, 이리 모이세요!" 교실 구석구석까지 들릴 만한 큰 목소리로 아이들에게 모이라고 지시하면, 하던 일을 멈추고 내 주변으로 모이는 아이들은 열에 아홉은 여자아이들입니다.

남자아이들은 어디서 무엇을 하고 있을까요? 어떤 아이는 오긴 오지만 이리저리 빙빙 돌면서 오고 있고 전력질주해서 달려오던 아이는 내 앞에서 멈추지 못하고 반대편 벽에 쾅! 내 목소리가 안 들리는 건지, 무슨 말인지 모르는 건지 그대로 의자에 앉아 있는 아이가 있는가 하면 열심히 콧구멍을 파는 아이까지 …….

"다 모였니? 자 이 선을 밟지 않도록 주의해서 선 바깥쪽으로 줄을 서자."고 하면 "네? 어느 선이요?", "어디? 여기?"

하나밖에 없는 선 앞에서 보이는 남자아이들의 행동. 그리고 경험상 그렇게 말하는 아이들의 90%는 이미 선을 밟고 있는 상태입니다.

"다른 사람이 하는 말을 듣지 않아요.", "부모의 말을 전혀 듣지 않아요.", "몇 번을 말해도 똑같은 실수를 반복해요.", "잠시도 가만히 있지 않아요.", "차분하지 않아요." 등등. 이런 아이하고 어떻게 지내면 좋을지 난감해하는 엄마들의 상담을 자주 받습니다. 그리고 "이제 혼내기도 지쳤어요." 하는 말도 듣습니다.

말 잘 듣는 딸아이까지 있는 경우에는 "남동생은 원숭이로밖에 안 보여요." 할 정도입니다. 그렇죠. 그럴 겁니다. 충분히 이해합니다. 남매가 왜 이리 다를까요? 내가 낳았는데 왜 이럴까요?

물음에 답해 드리겠습니다. 이유는 "남자아이기 때문입니다."

고민해도 소용없습니다. 가만히 있지 못하는 것, 남의 말을 잘 듣지 못하는 것, 좋아하는 것만 하려는 것, 이기고 지는 것에 집착하는 것 모두 남자아이의 특징입니다.

이성인 엄마 입장에서는 도저히 그 이유를 알 수 없습니다. 그래서 더 걱정하는 것이겠지만 걱정한다고 해결될 문제가 아닙니다. 우선은 "남자아이라서 어쩔 수 없어." 하고 포기하는 것이 방법입니다.

엄마가 당황하는 것은, **남자 특유의 이해할 수 없는 언행에 직면하여 양육에 어려움을 느끼기 때문입니다.**

이것도 못하고 저것도 못하는 게 당연해. 남자아이잖아. 이렇게 생각하면 속이 편해지지 않을까요?

얌전하고 장소를 가릴 줄 아는 여자아이에 비해 남자아이 육아는 어렵다고들 합니다. 큰소리로 꾸짖고 화를 내는 횟수가 여자아이보다 훨씬 많을 겁니다. 남자아이는 체력도 강해서 육체적으로 버거워하는 엄마들도 적지 않을 겁니다.

하지만 막무가내 사내아이라도 둘도 없이 소중한 내 자식입니다. 게다가 그 남자아이가 세상에서 가장 좋아하는 사람은 바로 엄마입니다.

오히려 **어려서 개구쟁이에 말 안 듣던 아이가 자라서는 스케일이 큰 인물로 성장하는 게 아닐까요?**

말을 잘 듣게 하려고 애쓰지 말고, 우선은 "남자아이라 어쩔 수 없어." 하는 심정으로 생각을 바꾸고 '사랑스러운 내 아들'로 대해 보세요. 서서히 아이의 행동이 이해되기 시작할 것입니다.

> Point
> - 남자아이는 '자유분방하게 돌아다니는 생명체'라고 생각하세요.
> - 제대로 못하는 게 당연해요.
> - 개구쟁이라도 좋아요. 장차 큰 인물이 될 테니까.

말과 태도에 애정을
듬뿍 담으세요

　　태어나서 초등학교에 입학하기 전 7살까지의 유아기는 엄마와 아이에게 그야말로 사랑이 꽃피는 시기입니다. 남자아이의 본질은 엄마의 사랑입니다. 엄마의 사랑을 받지 못하는 남자아이는 죽은 아이나 다름없습니다. **기회 있을 때마다 꼭 껴안아주고 뺨에 뽀뽀해주고 '너는 엄마 보물이야.'** 하고 말해주세요. 가끔은 마음껏 응석부릴 기회도 주세요.

　　식사 준비하는 중에 아이와 눈이 마주치면 살짝 미소를 보내세요. 아침에 아이를 학교에 보낼 때는 아이가 안 보일 때까지 손을 흔들어주세요.
　　아이에게 말과 태도로 엄마의 애정을 표현하는 겁니다. 초등학교에 입학한 뒤에도 **적어도 10살까지는 엄마의 애정을 아낌없이 표현해주세요.**

애정을 듬뿍 받은 아이는 당당하고 자립심이 강합니다. 안심하고 부모 곁을 떠나 자립할 수 있게 됩니다. 그런 이후에는 부모는 아이를 지켜보면서 애정을 전하는 것으로 충분합니다.

아이는 언제 어려운 일에 도전하려는 마음이 생길까요? 한번 실패하면 돌이킬 수 없는 상황이라면 그 누구도 도전하지 않을 겁니다. 어려운 일을 해보고자 하는 의욕이 생길 리 없습니다.

즉 안심할 수 없는 상황이라면 아이는 도전하려는 의욕이 생기지 않습니다. 아이는 **자신의 존재를 있는 그대로 받아들여주는 안전한 장소가 있을 때 비로소 새로운 미지의 장소로 나아가려는 마음이 생깁니다.**

'있는 그대로의 네가 자랑스럽다.'는 말을 듣고 자란 아이는 약간의 실패를 두려워하지 않습니다. '나라면 할 수 있어.' 하는 마음으로 도전하고, 실패하더라도 '다음에는 할 수 있을 거야.' 하고 포기하지 않습니다. **자신의 존재를 인정받은 아이는 반석과 같은 자신감의 소유자가 될 것입니다.**

그와 같은 자신감을 지탱해주는 것이 바로 '자긍심'입니다. '엄마

아들로 태어나줘서 고마워.', '너라면 될 거야.'라는 마음으로 아이를 키우면 그 마음이 아이에게 전해져 아이의 자긍심이 자연스럽게 높아집니다.

그리고 이 높은 자긍심이 아이에게 자신감과 의욕을 불러일으켜서 성장해가는 힘, 다시 말해 인생의 동력원이 되는 것입니다.

육아는 20년 계획이라고 합니다.

부모는 당연히 먼저 죽을 것이고 아이와 평생을 같이 살 수는 없습니다. 보통 서너 살까지는 있는 애정, 없는 애정 다 담아서 키울 것입니다. 아프지 않은 것만으로도 감사해하면서요. 아이라는 존재 자체를 소중히 여길 것입니다.

그러나 기면 서기를 바라고 서면 걷기를 바라는 것이 부모의 마음입니다. 아이가 성장함에 따라 부모의 마음은 '욕심'으로 바뀌어갑니다. '더 나은 교육'과 '더 빨리' 하는 마음이 앞서는 것은 아닐까요?

'아이는 그 누구와도 바꿀 수 없는 소중한 존재'이고 언젠가는 헤

남자아이를 둔 엄마에게 하고 싶은 말

어질 날이 올 것이기 때문에 이 10년이라는 기간만큼은 애정을 듬뿍 전해주세요.

부모로부터 온전히 애정을 받은 아이는 마음이 안정되고 부모로부터 받은 것을 결코 잃어버리지 않습니다. 그 무엇과도 바꿀 수 없는 소중한 재산이 될 것입니다.

자녀교육은 부모와 자식 간에 그와 같은 애정이 충분히 형성되어 있을 때 비로소 성립되는 것입니다.

Point
- 미소와 말과 스킨십을 통해 애정을 충분히 전하세요.
- 반석과 같은 자긍심은 평생의 무기입니다.
- 자신의 존재를 있는 그대로 인정받을 때 아이는 안심하고 도전할 수 있어요.

성공이 쌓이면
자신감이 생겨요

　일본 아이들의 자기평가가 다른 외국 아이들에 비해 낮다는 조사 결과가 나왔습니다(재단법인 일본청소년연구소 조사). '자신이 가치 있는 인간이라고 생각한다'고 답한 비율이 미국은 57.2%, 중국은 42.2%인 데 비해 일본은 7.5%로 극단적으로 낮았고, '자신이 우수하다고 생각하지 않는다'고 답한 비율이 미국은 10.8%, 중국은 32.7%인 데 비해 일본은 83.2%로 매우 높은 결과가 나왔습니다.
　일본 아이들은 왜 이렇게 자기평가가 극단적으로 낮을까요?

유아기에 자신감이 제대로 길러지지 않았기 때문이 아닐까요?
　가족과 지내는 시간이 많은 유아기에는 가정에서의 대화가 많은 영향을 줍니다. 아이의 의욕은 대부분 부모의 기대에 부응하고자 할 때 생깁니다. 학교공부든 다른 레슨이든 '사랑하는 엄마를 위해', '엄마가 좋아하니까' 하는 겁니다.

따라서 '너는 능력이 안 돼.', '실력이 없어.', '이것도 하나 못하니?' 하는 식의 부정적인 말은 금물입니다. 아이가 '난 못해.', '해도 잘 안 될 거야.' 하고 생각하게 되면 모처럼 자라기 시작한 의욕도 그 즉시 사라져버릴 것입니다. 남자아이의 자신감을 키우는 것도 없애는 것도 일상에서 이루어지는 부모의 말과 행동에 달려 있습니다. 부정적인 말은 스스로 정한 것을 끝까지 이루고자 하는 마음에 제동을 겁니다.

자기평가, 즉 자긍심이 낮으면 스스로 생각하고 의욕적으로 행동하여 적극적이고 과감하게 삶을 개척해나가는 강인함을 기를 수 없습니다.

유아기에 체험하는 그림 그리기, 놀이, 운동, 학습, 레슨 등은 반복을 통해 성공체험을 쌓아가는 과정입니다.

즉 '불가능한 것 = 실패체험'이 아니라 '가능한 것 = 성공체험'을 쌓는 것이 중요합니다. 전에 못했던 것을 할 수 있게 되었다거나 어제는 잘 안됐는데 오늘은 잘 됐다거나 하는 일이 쌓여서 아이의 자신감이 되고 포기하지 않는 강한 의지로 성장합니다.

    그림 좀 잘 못 그려도 괜찮습니다. 잘 그리고 못 그리는 것을 언급할 필요는 없습니다. 그림을 그린 것을 칭찬하고 아이가 쓴 색깔을 칭찬하고 나름대로 생각해서 그린 부분을 칭찬해주세요. 결과는 중요하지 않습니다. 중요한 것은 노력한 과정입니다. 그린 그림을 카메라로 촬영해두면 이후 어느 정도 성장했는지 확인할 수 있을 것입니다.
    엄마가 다정하게 웃으며 칭찬해주면 아이는 이것저것 만들어 보여줄 것입니다.

    '난 그림을 잘 그려.', '만들기는 내가 최고야.' 하고 자신만만해 하면 대성공. '너무 칭찬해주면 버릇이 나빠지지 않을까?' 하는 걱정은 할 필요 없습니다. 오히려 이 시기는 어느 정도 잘난 체가 필요합니다.
    '난 잘났어.' 하는 마음을 갖게 해주세요.
    그리고 가끔은 '이 정도는 할 수 있지 않을까?', '다음번에는 이렇게 하는 게 어때?' 하고 조금 더 어려운 과제를 제시하는 것도 좋은 방법입니다. 그렇게 하면 아이는 도전하고 시행착오를 거쳐 과제를 해결해나갈 것입니다.

성공의 쾌감은 도전을, **놀이 속의 작은 성공은 의욕과 자신감을 자극합니다.**

Point
- 모든 과제는 성공을 체험하기 위한 것입니다.
- 유아기에는 잘난 체가 필요해요.
- 성공체험이 도전정신의 원천입니다.

기다릴 줄 아는 엄마가
남자아이를 성장시켜요

아무리 성공체험이 중요하다 해도 아이가 처음부터 어떤 일을 완벽하게 해낼 수는 없습니다. 시간이 들고 품이 듭니다. 여러 차례 실패할 것이고 도중에 포기할 수도 있습니다.

그게 당연합니다. 나이가 4세면 36개월, 6세면 60개월에 불과합니다. 달수로 따져보면 미숙함에 이해가 갑니다. **태어난 지 몇 년 되지 않은 아이가 미숙한 것은 경험부족 탓입니다.** 방법을 모를 뿐입니다.

아이는 모방을 통해 학습합니다. 먼저 엄마가 모범을 보여주고 요점을 정확히 전달한 뒤, 아이가 따라하는 것을 지켜보고 같은 것을 반복하게 하세요. 요령을 알려주는 것도 좋은 방법입니다. **틀을 보여주고 그대로 따라하게 하세요. 그리고 참을성 있게 지켜봐주세요.**

그리고 부디 가르치는 수고를 아끼지 말아주세요. 중간에 포기하려고 하면, '지금까지 잘해왔어.' '멋진 색을 골랐구나.' 하면서 아이가 생각해낸 부분이나 잘한 점을 찾아내서 지적해주세요.

'절대 깎아내리지 말고 자상하게'가 포인트입니다. 또 아이가 스스로 시작했다면 중단시키지 말고 가능하면 끝까지 자유롭게 하게 두세요. 창의적 사고력을 발휘할 기회를 빼앗으면 안 됩니다.

모든 일에 공통된 것이지만, '실패하지 않게', '넘어지지 않게' '다치지 않게' 미리 안전대책을 마련해주고 싶은 것이 부모의 마음입니다. 하지면 넘어지면 아프다는 것을 아는 것도 중요한 경험입니다. 넘어져 본 적이 없는 아이보다는 넘어지면 어떻게 되는지, 어떤 곳에서 잘 넘어지는지 겪어본 아이가 경험이 더 풍부한 법입니다. 시작하지도 않은 일을 실패하지 말라고 미리 애간장 태우는 것은 과보호입니다. 과보호 받는 아이는 체험의 폭이 좁아지고 스케일이 작아집니다.

아이가 흥미를 갖는 대상을 늘리고 마음껏 자유롭게 체험할 수 있도록 배려해주세요. 여기서 엄마가 해야 할 일은 필요할 경우 도와줄

준비를 갖추고 아이의 행동을 잘 관찰하는 것입니다. 엄마가 미리 위험요소를 제거해버리면 아이는 경험에서 배울 게 없습니다.

아이의 상태를 살피면서 차분히 지켜보는 '여유'를 가질 수 있어야 합니다. 결과가 바로 나오지 않더라도 아이를 믿고 기다려주는 여유가 필요합니다.

또 아이가 의욕에 차서 무엇인가를 하려고 할 때 엄마는 완벽함을 기대하지 말아야 합니다. 제대로 할지 걱정되더라도 꾹 참고 지켜봐 주세요. '제대로', '확실하게'라는 잣대를 들이대지 말아주세요.

100점 만점을 목표로 하지 않는 것이 남자아이를 성장시키는 요령입니다.

실수를 줄이고 완벽함을 추구하기보다는 하고자하는 마음을 존중해서 잘하는 것, 흥미를 보이는 분야를 차근차근 넓혀가도록 도와주세요.

능력은 신기하게도 한 가지를 잘하게 되면 다른 능력도 덩달아 향상되는 경향을 보입니다. 못하는 것이나 부족한 것이 있어도 걱정할 필요 없습니다. 그보다는 아이의 '의욕'이 꺾이는 일 없이 '해보니까 됐다' → '재미있어서 더 하고 싶다'는 사이클을 계속 유지하는 데 힘을 쏟아야 합니다.

> Point
> - 미리 걱정하지 말고 아이를 믿고 기다리는 여유를 가지세요.
> - 결과를 바로 구하지 마세요.
> - 완벽을 추구하지 마세요.

왜 10살까지가 중요할까요?

인간의 뇌는 태어나서 10년쯤 되면 어른의 뇌와 거의 무게가 같아 진다고 합니다. 이에 비해 키는 어른만큼 자라려면 20년 가까이 걸립니다.

즉 **뇌는 생후 10년 동안 급속히 성장해서 이미 틀이 갖춰지는 셈입니다.** 이때 뇌 안에서는 외부자극을 받아 신경회로가 집중적으로 만들어지기도 하고 교체되기도 합니다.

학습은 뇌를 자극하는 것이므로 이 시기는 학습을 통해 뇌를 만들어가는 시기라고 할 수 있습니다.

뇌 과학 연구 성과에 따르면 시각, 청각, 언어, 운동 등의 능력과 뇌의 여러 기능은 습득하는 데 최적의 시기가 있어서(임계기) **적절한 시기에 적절한 자극을 주지 않으면 신경회로가 원활하게 연결되지 않는다고**

합니다. 뇌의 발달에는 개인차가 있으므로 11살이 되기 전 단계인 10살까지 적절한 조치를 취하는 것이 좋겠습니다.

어린아이는 감수성이 예민하고 호기심이 많은 데다 뇌의 유연성이 좋아서 무엇이든지 잘 흡수합니다. 이 시기에 인격 형성의 기초를 다지고 지성의 토대를 마련해둔다면 이후 아이는 비약적으로 성장할 것입니다.

인생은 배움의 연속입니다. 그리고 공부는 누가 하라고 해서 하는 게 아니라 스스로 하고 싶어서 해야 효과가 있습니다. **더 찾아보고 더 알고 싶어 하는 지적 호기심을 가지고 스스로 목표를 설정하고 달성하기 위해 노력하는 '자기주도적' 자세를 적어도 10살까지는 갖추도록 해주세요.** 아이가 자기주도적 자세를 갖추기 위해서는 반드시 엄마의 적절한 노력이 필요합니다. 그리고 이 자세만 갖추면 이후에는 스스로의 힘으로 거침없이 성장해나갈 것입니다.

유아기의 급격한 성장이 장래의 성장으로 이어지는 것은 왜일까요? 그것은 신경회로가 집중적으로 형성되는 시기에 다양한 자극이 주어짐으로써 뇌에 신경회로가 많이 만들어지기 때문이라고 합니다.

즉 **유아기의 다양한 활동이 뇌를 적절하게 자극하여 뇌의 성능 자체가 높아진 것입니다.**

바깥놀이에서 몸을 균형 있게 움직이는 것이든, 친구와 협력하여 물건을 만드는 것이든, 남을 돕는 일이든, 손가락의 섬세한 움직임을 연습하는 것이든, 모두 필요한 기능입니다.

게다가 남자아이의 경우에는 기본적으로 흥미가 없는 것은 하지 않기 때문에 모든 과제활동을 재미를 느끼면서 할 수 있도록 고안할 필요가 있습니다. 기능을 정착시키기 위해서는 체험과 연결 짓는 것도 중요합니다.

모든 남자아이에게는 해야 할 일을 제대로 완수하려고 하는 '의욕스위치' 가 있고 아이는 그것을 작동시킬 기회를 찾고 있습니다. 단 스위치가 작동하는 타이밍에는 개인차가 있습니다. 쉽게 작동하는 아이가 있는가 하면 여간해서는 작동하지 않는 아이도 있습니다.

'의욕스위치'를 작동하는 것은 엄마나 아빠가 대신할 수 없습니다. 작동은 스스로 해야 합니다. 하지만 그냥 내버려두면 아이는 스위치가 있다는 것 자체를 모르고 지나칠지도 모릅니다. 인생에서 가장 중요한 이 시기에 아이의 '의욕스위치'가 작동하기 쉬운 환경을 만들어주세요.

> Point
> - 10살까지가 아이의 뇌를 비약적으로 성장시킬 수 있는 최적기입니다.
> - 남자아이의 성장은 방법에 따라 크게 달라져요.

6살 가을은 남자아이 수련기

10살까지가 아이의 성장에 얼마나 중요한지는 앞에서 말한 대로입니다.

특히 **남자아이의 경우에는 5살 가을까지 어떤 자극을 가하는지가 이후의 성장에 크게 영향을 미친다고** 알려져 있습니다.

실제로 제가 매일 접하고 있는 4살에서 7살까지의 남자아이들이 대부분 6살 반 이후부터 눈에 띄게 성장합니다.

스포츠계에서는 11살에서 13살 시기를 '골든에이지 golden age'라 하여 동작습득에 가장 유리한 시기로 보고, 신경회로가 발달하는 초등학교 저학년 시기를 '프리 골든에이지 pre-golden age'라 하여 이후의 성장 여부를 결정짓는 가장 중요한 시기로 보고 있습니다.

저의 경험에서 보면 **아이의 머리와 마음이 발달하는 골든에이지는 초**

등학교 입학준비기인 6살 반~7살입니다.

이 급격한 성장기는 누구나 같지만 그것을 성장판으로 살리느냐 살리지 못 하느냐는 주위의 어른, 특히 엄마의 양육방식에 달려 있습니다. '대기만성'할 것인지의 여부도 마찬가지입니다.

물론 제가 맡고 있는 대부분의 아이들은 초등학교 입시를 목표로 합니다. 교실에는 4~5월생에서 1년 가까이 차이가 나는 아이들까지 한데 모여 수업을 합니다만 '골든에이지', 즉 6살 가을 이후가 되면 모두가 입시합격을 위한 막바지 학습에 들어갑니다.

그리고 놀랍게도 달수가 적은 아이들도 대부분 이 시기가 되면 가속도가 붙어서 입시일까지는 무난하게 실력을 갖추게 됩니다.

지도하고 있는 저에게는 지식과 체험이 정리되고 통합되어 아이들 머릿속으로 들어가는 모습이 보이는데, 아이들 본인도 아마 그런 식으로 스스로 성장해가는 것이 느껴질 것입니다. 아이에게나 부모에게나 큰 기쁨이 아닐 수 없습니다. 한시도 가만히 있지 못하던 남자아이들이 몰라보게 성장해가는 모습을 지켜보는 것은 교사로서는 더할 나위 없는 즐거움입니다. 무엇보다 '골든에이지'에 성장이 절정에 달한 아이는 이후의 성장도 크게 기대할 만하다는 것입니다. 그런 의미에서 6살 가을이라는 최적의 성장기에 들어선 아이의 '의욕스위치'에 제대로 불을 붙이는 것이 중요합니다.

목표를 달성하거나 지적 호기심을 채우기 위해 노력하는 것을 '의욕스위치'를 켠다고 말합니다. '나는 할 수 있어'라는 내부의 의욕적인 에너지로 '의욕스위치'를 켜는 것입니다. 목표가 너무 높으면 '의욕스위치'를 안정적으로 작동시키기 어렵습니다. 답이 잘 안 나오면 중간에 포기하고 싶어집니다. 이럴 때 엄마의 칭찬이 필요합니다.

아이를 지속적으로 관찰하여 '어제보다 나아진 것', '매일 꾸준히 계속하는 것'에 주목하고 작은 변화라도 한껏 칭찬해주세요. 자꾸 반복해서 하다 보면 '의욕스위치'가 균형 있게 작동하는 날이 올 것입니다.

> **Point**
> - 6살 가을은 '의욕스위치'를 작동시키기에 가장 좋은 시기입니다.
> - 엄마의 칭찬이 아이의 '의욕스위치'를 균형 있게 작동시켜요.

혼내지 않고 말 잘 듣게 하기 ❶

　남자아이는 청개구리 같습니다. 가게에서 '이거 사줘!' 하고 큰 소리로 떼를 쓰는가 하면, 할 일은 내팽개치고 하루 종일 TV만 보려고 합니다.
　같은 나이의 여자아이에 비하면 돌보는 데 손이 가도 너무 갑니다. 그중에는 해줄 만큼 다 해주는데 대들기만 한다고 푸념하는 엄마도 있습니다.

　원래 부모 말을 듣지 않는 게 남자아이입니다. **남자아이가 떼를 쓰거나 엄마 말을 듣지 않거나 하는 것도 다 엄마의 관심을 끌기 위해서입니다.** 흔히 항상 혼나기만 해서 자신감을 잃어버린 아이에게 이런 현상이 많습니다.
　또는 이전에는 어리광을 잘 받아주다가 갑자기 화를 내는 경우, **자**

상했던 엄마가 '깐깐한 교육맘'으로 변해 당황하는 경우도 있습니다.

엄격한 교육이 필요하다는 생각에 머리에 뿔 달린 괴물처럼 아이를 엄하게 꾸짖거나 억지로 공부시키거나 잔소리가 심하면 아이는 마음의 문을 닫습니다.

엄마가 화를 내기 시작하는 순간, 아이는 마음의 문을 꽁꽁 닫아 버립니다.

'이 정도도 못하다니 바보 아니니?' 하고 아이에게 마음에도 없는 말을 하지는 않나요? 처음과 달리 끝에는 꼭 큰소리로 화를 내고 있지는 않나요?

어른 남성도 그렇지만 남자아이는 섬세하고 상처받기 쉬운 유리 심장의 소유자입니다.

말을 듣지 않고 약속을 지키지 않고 방 안에서 뛰어다니는 등의 행동이 마음에 들지 않는다고 해서 크게 화를 내거나 심하게 꾸짖으면 부모자식 관계가 점점 나빠질 것입니다. 겉으로는 아무렇지 않아 보이지만, 아이는 엄마의 무서운 모습에 충격을 받습니다.

남자아이를 둔 엄마에게 하고 싶은 말

남자아이에게는 편안하고 따뜻한 부모와의 관계가 매우 중요합니다. 10
살 이후, 11살이 지나면 남자아이는 서서히 부모 곁을 떠나게 되는
데, 이후 아이의 성장과 사회적응 능력은 10살까지 유지해온 부모와
의 관계가 어땠는지에 따라 그 정도가 크게 달라집니다.
**부모와의 관계가 냉랭한 아이는 방황하거나 어려움에 빠졌을 때 부모에
게 도움을 청하지 못하고 혼자서 고통을 겪게 됩니다.** 남자아이를 자유롭
게 키우려면 원만한 부모자식 관계를 유지하는 것이 기본입니다.

엄하게 꾸짖어서 말을 듣는 것도 그때뿐입니다. 시간이 지나면 같
은 행동을 되풀이할 것입니다. **엄하게 꾸짖는 것은 위험한 행동을 했을
때나 정말 해서는 안 되는 행동을 했을 때로 제한하세요.** 화를 내며 큰소리
로 꾸짖기 전에 먼저 다음과 같이 생각해보세요.

먼저 혼내는 기준을 확 내려 보세요. 아이의 행동이 정말 혼나야
할 행동인가요? 그냥 넘어가줄 수는 없는 일인가요? 남자아이한테
이 정도는 어쩔 수 없는 것 아닐까요?
아이하고 똑같이 굴 수는 없고 포기함으로써 조금씩 마음이 가벼

워지기도 합니다.

> Point
> - 화내는 건 아무나 할 수 있어요.
> - 요란하게 꾸짖지 마세요.
> - 남자아이는 유리심장이에요. 엄격한 태도는 역효과를 냅니다.

남자아이를 둔 엄마에게 하고 싶은 말

혼내지 않고 말 잘 듣게 하기 ❷

여자아이는 싫다고 하면서도 엄마 얼굴을 살핍니다. 떼를 써도 괜찮은 상황인지 살핍니다. 그리고 꼭 해야 한다고 엄마가 설득하면 하기 싫어도 해보는 시늉이라도 냅니다.

하지만 남자아이는 이성적이지 않습니다. 싫으면 하지 않습니다. 엄마가 반드시 해야 한다며 물러서지 않으면 눈물을 흘리거나 엉엉 울기까지 합니다.

아이가 이렇게 나오면 엄마는 어떤 태도를 보일까요? 지쳐서 포기해버리는 엄마가 대부분일 것입니다. 분별력이 없고 이치가 통하지 않는 남자아이를 설득하다 지쳐버립니다. 결국 매를 들거나 방치해버리게 됩니다. 울면서 버틴 아이는 일단 작전성공입니다. 과연 엄마는 여기서 포기하게 되는 걸까요?

남자아이 대부분이 이 같은 체험을 합니다. 남자아이는 아빠도 모르는 엄마의 스위치를 알고 있습니다. 엄마가 체념하고 도와주게 되는 스위치를 말입니다.

엄마의 역할은 아이에게 아낌없이 베푸는 것만이 다는 아닙니다. **아이의 기분과 아이가 전하려고 하는 메시지를 이해하고 받아주는 것도 그에 못지않게 중요합니다.**

엄마는 아이가 어떤 공을 던지더라도 받아낼 수 있는 뛰어난 캐처가 되어야 합니다. 아이는 직구도 던지고 변화구도 던집니다. 포크볼에 폭투도 던지겠죠. 그럴 때마다 그저 그 공을 묵묵히 받아주세요.

아이가 '지금은 하기 싫어요.'라고 하면 '안 돼, 해야 해!' 하고 바로 나무라지 말고 '그래, 지금은 하기 싫다는 거구나?' 하는 식으로 일단 아이의 기분을 받아주세요. 이와 같은 **엄마의 동의는 완충작용을 해서** 아이의 흥분한 마음을 가라앉힙니다.

남자아이는 특히 엄마가 자신을 받아주기를 바라는 마음이 강합니다. 그래서 엄마가 집안일을 하거나 책을 읽으면서 자신을 보고 있지 않다는 것을 알면 '엄마, 엄마' 부르면서 치근대기도 하고 이거 해줘,

저거 해줘 하면서 엄마를 귀찮게 합니다.

이는 '나를 봐주세요.', '나를 이해해주세요.'라는 아이의 신호입니다. 엄마가 잘 보고 있다는 것이 확인되면 안심하고 다시 놀기 시작합니다. 따라서 아이가 곤란한 행동을 할 때도 '네 마음을 알고 있어.' 하고 받아주는 것이 중요합니다. 그래도 떼를 쓰고 조르는 것은 어쩌면 아이의 마음을 제대로 받아주지 않았기 때문일지도 모릅니다.

또 전부 다 금지하지 말고 일부는 할 수 있도록 허용하는 것도 남자아이의 흥분한 마음을 가라앉히는 좋은 방법입니다.

그런 다음 부드럽고 단호한 어조로 '이건 꼭 해야 한다는 거 알고 있지?', '하기 싫다고 하지 않는 건 옳지 않아.' 하고 당부하고 그 다음은 아이에게 맡겨두세요. '넌 못해', '정말 싫어'와 같은 말은 좋지 않습니다. **담담하게 엄마의 생각을 전달했으면 아이 스스로 생각하도록 내버려두세요.** 이런 방식으로 해나가면 문제행동도 점차 좋아질 것입니다.

Point
- 먼저 아이의 기분을 이해해주세요.
- 부드럽게 동의하는 말로 공감을 표현하세요.
- 차분하되 단호하게 엄마의 기분을 전하세요.

아이를 성장시키는
멋진 말 한마디

어느 부모나 아이가 바르게 잘 자라주기를 바라는 마음은 한결같습니다. 그런 의미에서 아이에게 매일같이 건네는 말 한마디도 주의해서 고를 필요가 있습니다. 그 말 한마디가 남자아이를 순식간에 변신시키는 마법의 지팡이가 될 것이기 때문입니다.

'너라면 할 수 있어. 잘할 거라고 믿어.' '기대할게.' 저는 이런 말을 기회 있을 때마다 아이들에게 마치 샤워기로 목욕시키듯이 해줍니다.

인정받는 아이, 기대 받는 아이일수록 좋은 성과를 냅니다.

교실에서 아이들과 접하고 있는 저로서는 항상 실감하는 것이지만, 이것은 교육심리학계에서는 '피그말리온 효과'로 널리 알려진 현상입니다.

미국의 교육심리학지 로젠탈은 초등학생들에게 지능테스트를 실시한 뒤, 성적에 관계없이 무작위로 몇 명을 뽑아 담임교사에게 '성장가능성이 있는 아이들'이라며 아이들의 이름을 알려주었습니다.

그 뒤 얼마간의 시간을 두고 다시 지능테스트를 실시해보니, 성장가능성이 있다고 이름을 알려준 아이들이 다른 아이들보다 성적이 눈에 띄게 높아졌다고 합니다.

성적과 관계없이 뽑힌 아이들의 성적이 그와 같이 좋아진 것은 왜일까요? **(성장하리라는) 기대를 하고 아이를 지도하면 지도받는 아이도 (교사의) 기대감을 느끼고 그에 부응하여 성과를 내기 때문입니다.**

사람은 기대 받는 만큼 성과를 냅니다. '엄마는 너를 믿어.', '너라면 반드시 해낼 거야.' 아이가 엄마의 기대에 대한 기쁨으로 가득 찬 마음을 갖게 해주세요.

그리고 아이의 롤 모델이 되었으면 하는 사람의 이름을 부르면서 '엄마는 ○○이(가) 정말 좋아.' 하고 매일 말해주세요. 그 이유를 설명해주는 것도 좋습니다.

짜증이 나면 마음에도 없는 말을 하기 쉽습니다. 아이를 대할 때 말을 골라하는 것은 아이의 자주성을 기르는 데 도움이 됩니다. 꼭 염두에 두어주세요.

예를 들어 **꾸짖을 때도 아이의 존재 자체를 부정하지 말고 잘못된 행동에 한해서 '엄마는 슬프단다.', '참 안타깝구나.'라고 말해주세요.**

그리고 무의식적으로 위험한 행동을 하거나 위험에 무방비 상태일 경우에는 단호하게 잘못을 바로잡아야 합니다. 아이가 우산을 휘두르면서 걸으면 즉각 그 자리에서 꾸짖고 '다른 사람이 우산에 맞거나 네가 다칠 수도 있어. 우산을 휘두르면서 걷는 건 절대 하지 말자.' 하고 명확하게 잘못을 지적해주세요.

주위 눈치를 살피면서 속삭이듯이 '안 돼!' 하고 위기를 벗어나려고 하거나 집에 돌아온 뒤에야 '아까 왜 그런 짓 했니?' 하고 쌓아둔 분노를 터트리는 식으로는 아이에게 가르쳐야 할 내용이 제대로 전달되지 않습니다.

혼이 난 아이가 울지도 모릅니다. 그럴 때는 '왜 안 되는지 알았으니까 앞으로는 그러지 말아.' 하고 아이를 인정하는 투로 달래주세요.

중요한 것은 '우리 집에서는 이런 행동은 괜찮아.', '이런 건 하면 안 돼.'
라는 명확한 가치판단 기준을 알려주는 것입니다. 아이가 납득할 수 있는
말로 그 이유를 설명해주세요.

일관된 가치관을 유지하는 것이 아이의 정서안정에 도움이 됩
니다.

Point

- 마법의 한마디 '기대할게.' '정말 사랑해.'
- 위험한 행동에 대해서는 이유와 함께 단호하고 명료하게 가르치세요.
- 꾸짖은 뒤에는 포근하게 안아 주세요.

초등학교는 꿈을 실현하는
새로운 무대

아이의 건강한 성장을 기원하는 시치고산 七五三(일본에서 만 7살, 5살, 3살 때 아이의 건강을 기원하며 치르는 의식), 일본에서는 전통적으로 '일곱 살까지는 신의 마음 내키는 대로'라고 해서 만 7살이 되어야 비로소 사람으로 인정해주었고 그만큼 이때 치르는 의식을 중요하게 생각했습니다.

8살 전후는 초등학교 입학 시기이므로 본격적인 성장을 시작하는 중요한 단계이기도 합니다. 이 시기에 아이에게 주체성을 갖고 행동하게 함으로써 정신적인 성장을 유도해야 합니다.

최근 일본에는 '초등학교 1학년 문제'가 화제가 되고 있습니다. 초등학교에 갓 입학한 아이가 수업 중에 서서 돌아다니거나 떠들거나 해서 도저히 수업을 계속할 수 없는 상태가 되는 상황을 말합니다.

지금 많은 초등학교가 이 문제에 직면해 있습니다.

왜 이런 일이 생기는 걸까요? 어떻게 생각해보면 그럴 만도 합니다. 보통 유치원이나 어린이집에서의 활동은 '친구들과 즐겁게 지내는 것'이 주요 목적입니다. 하지만 초등학생이 되면 그럴 수 없습니다.

아이들 입장에서 보면 초등학교에 입학하자마자 책상 앞에 가만히 앉아서 선생님 말씀을 귀 기울여 듣는 것이 결코 쉬운 일이 아닙니다. 한 교실에 몇 명 정도는 새로운 환경에 적응하지 못하는 아이들이 있습니다. 이 아이들이 교실에서 돌아다니고 시끄럽게 떠듭니다. 이것이 '초등학교 1학년 문제'입니다.

초등학교 입학은 성장의 첫 번째 관문입니다. 제가 이 책에서 제시하는 내용은 성장을 향한 매끄러운 출발과 순조로운 초등학교 생활을 위한 훈련법입니다. **놀이와 체험, 생활습관, 가정학습을 통해 지적 호기심을 끌어냄으로서 아이의 학습의욕과 자립심을 길러주려는 것입니다.**

그리고 아이가 초등학교 입학 전에 갖추어야 할 5가지 '힘'으로

'보는 힘', '듣는 힘', '생각하는 힘', '말하는 힘', '행동하는 힘'을 중요시합니다. 가정에서도 아이들을 대할 때의 지침으로 참고해주세요.

① 보는 힘

주위 사물 가운데 하나에 초점을 맞추어 자신의 눈으로 관찰하고 '판단하는' 힘. 튤립 꽃을 보면 튤립이라는 것을 알겠지만 꽃이 지고 줄기와 잎만 남은 상태에서도 튤립이라는 것을 알 수 있을까요? 생활 속에서 매일 관찰하는 체험을 통해서만 아이는 줄기와 잎과 꽃이 모두 튤립이라는 것을 이해할 수 있을 것입니다.

② 듣는 힘

보는 힘과 마찬가지로 인간의 능력 중 기본이 되는 힘입니다. 말을 듣고 이해하는 것은 물론, 말 이외의 생활 속 소리에 대해서도 민감할 필요가 있습니다. 자기 말을 하고 싶은 욕구가 강하고 상대방의 질문을 잘 듣지 않는 아이도 적지 않습니다. 듣는 힘은 남을 배려하는 마음과도 관계가 깊습니다.

③ 생각하는 힘

　누군가 시켜서 하는 게 아니라 스스로 생각해서 답할 수 있는 힘입니다. 또 여러 상황에 맞게 궁리하거나 상상하는 것도 생각하는 힘의 중요한 요소입니다. '왜?' '어째서?'라는 의문을 품게 하는 것에서부터 시작해보세요.

④ 말하는 힘

　아이가 장차 자립해서 살아가기 위해서는 기본적으로 의사소통 능력이 필요합니다. 말하는 힘은 듣는 힘과 함께 의사소통 능력의 근간을 이룹니다. 이 힘을 기르기 위해서는 아이의 말을 가로채지 말고 시간이 걸리더라도 아이의 말이 나올 때까지 기다려주는 것이 중요합니다.

⑤ 행동하는 힘

　이상의 4가지 힘을 총괄하는 것이 행동하는 힘입니다. 필요한 때 스스로 판단하고 판단한 대로 행동하는 힘을 말합니다. 그리고 이 행동의 원동력이 되는 것은 정말로 하고 싶어 하는 마음입니다. 평소에 일상 속에서 아이의 흥미를 자극할 만한 기회를 만들어주세요.

Check List

〈보는 힘〉
☐ 주위 사물이나 환경에 흥미나 관심을 갖는다.
☐ 그림이나 도형을 비교하여 차이를 알 수 있다.

〈듣는 힘〉
☐ 그림책의 이야기를 집중해서 들을 수 있다.
☐ 지시한 대로 옷을 개거나 장난감을 정리할 수 있다.

〈생각하는 힘〉
☐ 모르는 것이 있을 때 '왜?' '어째서?' 하고 질문할 수 있다.
☐ 스스로 궁리하여 과제를 해결하거나 도울 수 있다.

〈말하는 힘〉
☐ 처음 가본 장소에서 처음 만난 사람과 인사를 나눌 수 있다.
☐ 자신의 생각이나 체험, 희로애락을 말로 표현할 수 있다.

〈행동하는 힘〉
☐ 하려고 마음먹은 것을 끝까지 해낼 수 있다.
☐ 나이와 시간, 장소, 상황에 맞게 적절히 행동할 수 있다.

Lesson

2

능력 있는 아이가 되는 마법의 습관

규칙적인 생활리듬은
평생의 재산

　유아기에 일찍 자고 일찍 일어나기와 같은 규칙적인 생활리듬을 유지하는 것은 성장의 기본토대가 되고 아이의 둘도 없는 재산이 됩니다.
　일단 생활리듬이 정착되면 해야 할 일은 시키지 않아도 알아서 합니다. 컨디션 조절에도 도움이 됩니다.
　매일 같은 시간에 자고 같은 시간에 일어나는 습관을 들이세요.
　아침 일찍 일어나 아침햇살을 받으면 몸과 마음이 깨어나고 활기차게 하루를 시작하게 됩니다.

　초등학생이 되면 이전보다 수업시작 시간이 빨라지므로 가능한 한 일찍 자고 일찍 일어나는 습관을 들여야 합니다.
　아침 일찍 일어나면 그만큼 일찍 졸립니다. 일찍 일어나는 습관을 들이려면 **무엇보다 일찍 자는 것이 최선입니다.**

저는 아침 5~6시에 일어날 것을 추천합니다. 그리고 부모와 함께 아침산책을 하면 온몸이 상쾌해지고 기분 좋게 하루를 시작할 수 있습니다. 아침에 공부를 하면서 아이와 스킨십을 갖는 것도 좋습니다. 아침부터 머리를 쓰는 좋은 습관을 들이게 하세요. **하루를 충실하게 보낼 수 있는지 여부는 아침 시간을 얼마나 여유 있게 잘 보내느냐에 달려 있습니다.**

그리고 **남이 깨워서 일어나는 게 아니라 스스로 알아서 일어나게 하는 게 좋습니다.** 시계를 어느 정도 읽을 줄 알게 되면 생일에 알람시계를 선물해서 일어나는 시간을 맞춰놓고 스스로 하루를 시작하게 하는 것도 좋은 방법입니다.

충분한 수면이
똑똑한 뇌를 만들어요

학력은 튼튼하고 건강한 몸을 토대로 발전합니다. 건강한 몸을 만들기 위해서는 균형 잡힌 식사와 숙면이 필수입니다.

매일같이 여러 친구들과 함께 단체생활을 하다보면 아이는 겉으로는 활기차 보여도 속으로는 의외로 긴장하고 피곤해합니다. 피로회복을 위해서도 충분히 숙면을 취하게 해주세요.

유아기에는 9~10시간은 자는 게 좋습니다. 잠이 부족하면 멍하게 있거나 칭얼대서 하루의 시작을 망치게 됩니다. 평소에 아이의 취침 습관과 몸 상태를 잘 관찰해서 아이에게 가장 적절한 수면시간을 알아두세요.

충분한 수면은 아이의 뇌와 신체, 마음에 최고의 영양이 됩니다. **수면 중에는 아이의 성장에 필수적인 성장호르몬이 분비됩니다.** 또 잠을 잘

자면 스트레스가 줄어드는 효과가 있다고도 합니다.

잠은 단순한 휴식에 그치지 않습니다. 낮 동안 입력된 다양한 정보를 정리하고 기억을 정착시키는 효과도 있는 것으로 알려져 있습니다.

낮에 배운 것이 잠을 자는 동안 뇌 속에서 정리되고 필요한 기억을 정착시키는 작용을 하므로 똑똑한 뇌를 위해서는 충분한 수면이 반드시 필요합니다.

제가 가르치는 남자아이들도 **의욕적이고 우수한 아이일수록 낮에는 왕성하게 활동하고 밤에는 일찍 잠드는 아이가 많습니다.**

낮 동안의 학습과 운동, 그리고 다양한 체험이 잠을 자는 동안 피가 되고 살이 된다고 생각하면 잘 자는 것이 얼마나 중요한지 쉽게 이해될 것입니다.

몸이 튼튼하면
마음도 튼튼해요

후쿠자와 유키치 福澤諭吉는 자서전(福翁自傳)에서 **아이양육에서 가장 중요한 것은 건강**이라고 했습니다. 그는 '먼저 동물의 몸을 만들고 그런 다음 사람의 마음을 길러라.'라고 하여 운동이나 소풍 등을 통해 어려서부터 몸을 단련할 것을 권장했습니다.

즉 **자녀교육에서 가장 중요한 것은 수면과 식사, 행동거지, 운동, 건강한 신체 만들기이며, 이 기반이 갖춰졌을 때 비로소 지성과 정신적 발달이 촉진된다**는 것입니다. 어려움을 극복하고 자립적으로 살아가기 위해서는 능동적으로 행동하는 자세가 필요하고 그러기 위해서는 건강한 신체가 필수적이라는 신념이 엿보이는 말입니다.

유아에게 신체단련이 중요한 것은 왜일까요?

어린 시절, 특히 남자아이는 운동을 잘하면 그만큼 존재감이 두드러지고 주인공이 될 수 있습니다. **아이들 세계에서 다른 아이들로부터 인정을 받는 경험은 큰 자신감이 되어 모든 일에 적극적으로 대처하는 자세를 길러줍니다.**

튼튼한 신체에는 꺾이지 않는 강인한 정신이 깃듭니다. 그것은 기본자세로서 아이의 다른 모든 행동과 생각으로 파생되어나갑니다.

신체단련은 어려워도 끝까지 해내고자 하는 끈기와 곤란한 상황을 극복하는 에너지의 원천이기도 합니다.

산과 들을 마음대로 뛰어다니던 시대에는 신체단련이 자연스럽게 이루어졌지만, 바깥놀이가 제한된 현대에는 의식해서 하지 않으면 신체단련을 할 기회가 거의 없습니다. 매일 30분씩 걷기나 간단한 체조, 줄넘기, 수영 등 규칙적인 운동을 통해 의식적으로 신체를 단련하는 습관을 길러주세요.

허약한 신체에는 강인한 정신이 깃들지 않습니다.

집안일 돕기의 효용성

한 가지라도 좋으니까 아이에게 집안일을 시키세요. 집안일 돕기에는 유아기 아이들의 성장을 촉진시키는 요소가 잔뜩 들어 있습니다.

집안일은 아이에게 가족구성원으로서의 역할에 대한 책임감을 갖게 합니다.

이제까지 보호 받기만 하던 아이가 '엄마 힘들겠네.' '뭐 도와드릴 거 없을까?' 하는 마음으로 엄마를 돕는 것은 남을 돕는 행위의 즐거움을 아는 계기가 됩니다.

집안일의 내용은 매일아침 신문 가져오기, 식탁 닦기, 빨래 개기, 그릇 닦기처럼 매일 할 수 있고 아이가 쉽게 보람을 느낄 수 있는 것이 좋습니다.

처음에는 깜빡 잊거나 귀찮아할지도 모르니 계속할 수 있도록 힘껏 응원해주세요. 집안일을 자기 일로 여기게 되면 아이는 크게 성장한 셈입니다. 처음에는 서툴러서 오히려 엄마 일이 되어버리기도 하지만, '고마워.', '정말 도움이 됐어.' 하고 칭찬하는 말을 잊지 말아주세요.

또 집안일 하는 중에 '이렇게 하면 더 잘되겠지.', '이렇게 하는 게 더 좋아.' 하고 나름대로 고민하면서 일을 처리하는 능력이 생길 것입니다. **아이 스스로 생각하고 그것을 실제로 응용해보려고 하는 것은 모든 지력을 발달시키는 계기가 됩니다.**

유아기부터 소소한 집안일을 경험해보는 것은 어른이 돼서 집안일을 처리하는 능력을 향상시키는 데에도 도움이 됩니다. 청소하기, 빨래하기, 밥 짓기 등 모든 집안일을 어려움 없이 처리해내는 훌륭한 어른으로 성장할 것입니다.

'인내'와 '구별'을 가르치세요

사람은 누구나 편한 것을 고르기 마련입니다. 공부나 할 일을 알아서 하는 습관은 시키는 것만으로는 몸에 배지 않습니다. **구별하는 것과 참는 것의 중요성을 일상생활 속에서 확실히 가르쳐야 합니다.**

'밤 9시에 자기', 'TV는 하루 1시간', '밥 먹기 전에 과자 안 먹기'와 같은 기본적인 집안 규칙은 반드시 지키게 해주세요.

기본 규칙을 이유 없이 가르치는 것은 10살까지입니다. 11살부터는 이유가 없으면 지키려고 하지 않습니다.

절대로 양보할 수 없는 규칙은 '이건 규칙이니까 지켜야 해.' 하고 단호하게 알려주세요. '안 돼는 것은 안 돼.'로 충분합니다.

기본적인 예의와 해도 되는 것과 안 되는 것의 구별도 반복해서 제대로 알려주세요.

'아는 사람을 만나면 인사하기', '전철 같은 공공장소에서는 조용히 하기', '남의 말을 끝까지 듣기'와 같은 기본적인 공중예절의 중요성을 기회 있을 때마다 가르쳐주세요.

아이가 높은 곳에서 뛰어내리려 할 때 '다치니까 뛰어내리지 마라.' 하고 막으면 아이는 엄마의 반응을 보고 '이건 하면 안 되는 거구나.' 하고 배웁니다.
자신의 행동이 언제는 되고, 언제는 안 되는지를 실생활에서 배우는 것입니다.

자유롭게 할 수 있는 것과 그렇지 않은 것이 있다는 것을 확실히 알게 해주세요. 그것을 일상적으로 가르치는 것이 가정교육의 첫걸음입니다.

남의 말을 잘 알아듣는 아이의 비밀

자기 의견을 말하는 행위는 남의 말이나 의견을 듣는 행위와 짝을 이룰 때 비로소 의미가 있습니다. 남의 말을 듣지 않고 자기주장만 하는 것은 자기 말을 잘 들어주지 않는 데 대한 불만의 표시일지도 모릅니다.

얼핏 '말하기'와 '듣기'는 반대행위인 것 같지만, 남의 말을 들을 수 있으려면 먼저 말하는 경험이 필요합니다. 사람들은 **자기 말을 잘 들어줄 것이라는 확신이 서야 다른 사람이 하는 말에 귀를 기울입니다.**

즉 '말하고자 하는' 의욕이 받아들여질 때 남의 말을 듣는 자세가 길러지는 것입니다.

아이가 하는 말을 중간에 끊지 말고 끝까지 들어주세요.

엄마가 차분하게 들어주면 아이는 열심히 말하려 할 것이고, 엄마가 어떤 대답을 해줄지 궁금한 마음에 열심히 듣는 습관이 생길 것입니다.

남의 말을 잘 듣는 것은 다양한 정보를 흡수함으로써 자신이 말할 거리를 늘리는 것과 같습니다.

남의 말을 들음으로써 말하는 힘이 길러지는 것입니다.

가끔 '오늘 어땠니?' 하고 물으면 귀찮아하면서 이야기하지 않는 아이도 있습니다. 그럴 때는 '엄마가 오늘 쇼핑하러 갔는데 글쎄 이런 게 있지 않겠니?' 하고 엄마 쪽에서 먼저 그날 있었던 일을 이야기해서 아이의 말을 유도해보세요. 엄마의 말을 재밌게 듣다가 자신의 이야기도 해보고 싶은 마음이 들 수도 있습니다.

정말 해주고 싶은 말은
작은 소리로 속삭이세요

주의력이 산만해서 말을 듣지 못하는 경우도 있습니다. 그럴 경우 큰 소리는 오히려 귀에 들어오지 않습니다.

반대로 목소리를 작게 하면 '무슨 말을 하는 거지?' 하고 귀를 기울이게 됩니다. 저는 교실에서 중요한 말을 전할 때는 작은 소리로 '한 번만 말할 거야.'라고 말해서 먼저 주의를 집중시킵니다.

가정에서도 '있잖아' 하고 주의를 환기시킨 뒤 속삭이는 목소리로 말을 건네보세요.

어른은 들은 것을 그대로 정리할 수 있지만 아이는 그러지 못합니다. 그럴 때 머릿속에 이미지를 그려가며 이야기를 듣는 습관을 들이면 좋습니다.

예를 들어 그림책 이야기나 조금 긴 이야기를 들려줄 때 'TV를 본다고 생

각하면서 들어봐.' 하고 말해보세요.

이야기의 내용을 시각화하면 이해가 잘되고 기억에도 오래 남습니다.

TV나 놀이에 빠져 있는 남자아이를 멀리서 큰 소리로 불러도 아무런 반응을 보이지 않는 경우가 있을 겁니다. 이때 아이는 '듣지 않는' 것이 아니라 들리지 않는 것입니다.

할 말이 있으면 아이에게 다가가서 아이 눈높이에 몸을 맞추고 아이의 눈을 보며 말하세요.

그리고 평소에 아이에게서 눈을 떼지 말고 아이에게 말할 기회를 많이 만들어 대화할 수 있도록 노력해주세요.

표현력이 풍부해지는
부모와 아이의 대화

아이와 대화하면서 무언가를 물을 때 한마디로 간단하게 답할 수 있는 질문을 많이 하지 않나요? '예', '아니요'만으로 답하게 하지 말고 가능하면 다른 말이나 문장을 넣어서 대답할 수 있도록 질문해주세요.

아주 단순한 것이라도 **아이가 어떻게 하고 싶은지, 왜 그렇게 하고 싶은지를** 자연스럽게 대화 속에 집어넣어서 아이의 어휘력을 단련시킬 수 있습니다. 먹고 싶은 것을 물어볼 때도 그 이유를 함께 물어보세요.

그러면 '사과와 배 어느 쪽이 좋아?', '배.', '왜?', '배가 사각사각하고 맛있으니까.' 하는 식으로 묻고 답하게 될 겁니다.

답변의 내용보다 이런 식으로 묻고 답함으로써 논리적으로 생각하는 기본을 배울 수 있습니다.

또 '반질반질', '꺼끌꺼끌', '푹신푹신', '미끌미끌', '콕콕', '끈적끈적', '매끌매끌', '까칠까칠', '반짝반짝', '번쩍번쩍' 등의 **상태를 나타내는 말(의태어)을 평소 대화에서 의식적으로 사용해보세요.**

예를 들어 이불이나 수건에 얼굴을 대고 '아, 푹신푹신해.'라고 말하고, 아이의 머리카락을 쓰다듬으면서 '참 매끄럽네.' 하고 말해주세요. 구체적으로 설명하면 아이도 쉽게 실감하고 표현의 폭도 넓어집니다.

어휘를 늘리는 의미에서 끝말잇기도 좋습니다. 익숙해지면 말머리잇기로 흥미의 폭을 넓혀가세요. 말머리잇기란 낱말의 첫 문자가 다음 말의 마지막 문자가 되는 놀이를 말합니다. '**고**릴라 → 빙**고** → 결**빙** → 대**결**'처럼 하면 됩니다. 꼭 한 번 해보세요.

'지기 싫어하는 마음' 조절하기

같이 카드놀이나 게임을 하다가 지면 그 즉시 표정이 달라지는 남자아이들이 있습니다. 눈물을 글썽이며 '나, 일등 못했어!' 하고 보채거나 '한 번도 해본 적 없단 말이야!' 하며 화를 내기도 합니다. **매사에 최선을 다하는 진지한 성격의 아이일수록 지기 싫어하는 마음이 강합니다.**

모든 일에 최선을 다하는 만큼, 새로 배운 것이 잘 안 되거나 친구와의 게임에서 이기지 못하면 분해서 울음을 참지 못합니다.

또 못 보던 문제가 나오면 초조해하거나 포기해버리는 경우도 있습니다. 진지한 성격의 아이는 '지는 건 나쁜 거'라는 생각 탓에 자신감이 떨어지기도 합니다. 지기 싫어하는 마음은 뒤집어 생각하면 자신감이 부족한 마음의 표현일지도 모릅니다.

매 경기의 승패에 일희일비하지 않는 '강한 마음'을 키우려면 항상 이기는 아이로 있게 하지 말아주세요. 카드놀이에서 부모가 항상 져주면 아이는 왕 대접 받지 못하면 만족하지 못하는 변덕쟁이가 돼버립니다. '처음부터 잘하는 사람은 없어.', '엄마도 처음에는 못했어.', '그때 이렇게 해봤으면 좋았을 텐데.' 하면서 잘하는 사람에게 배우려는 자세가 중요하다는 것을 알려주세요. 지거나 실패하는 것을 두려워하지 말고 오히려 그것을 즐겁게 체험하는 자세를 갖게 해주는 것입니다.

남이 잘하는 것을 인정하고 실패에 굴하지 않고 계속 도전해나가면 반드시 어느 한순간 잘할 수 있는 계기가 올 것입니다. 해결의 실마리를 잡는 것입니다. 해결의 기쁨을 경험한 아이는 점차 자기중심적인 행동이 사라지고 협조하는 태도를 익히게 됩니다.

남자아이의 자립심을
키워주는 첫 심부름

　　엄마와 함께 물건을 사는 것은 아이에게 소중한 체험입니다. '오늘 저녁에는 뭐 먹을까?' 하고 아이와 저녁메뉴를 정한 뒤 함께 장을 보러 가보세요.

　　마트에 가면 '○○○은 어디 있지?', '△△△는 저기에 있나?' 하고 아이에게 말을 걸어 상품이 어떤 식으로 진열되어 있는지 살펴보게 하세요.
　　제철 과일과 야채를 실제로 손에 들고 '봄이 되니까 유채가 나왔네?' '햇감자가 나왔구나.' '이게 양상추니? 아니 양배추구나.' 하는 식으로 아이에게 말을 걸면서 장을 보는 것은 아이의 호기심을 자극하는 좋은 방법입니다. 계산대에서 점원과 주고받는 행위도 평소에 관찰할 수 있는 기회를 주세요.

그러다가 아이에게 한 가지 심부름을 시키는 것도 좋습니다. 어느 날 갑자기 혼자 물건을 사오라고 시키지 말고 먼저 엄마의 눈이 닿는 범위 안에서 심부름을 시키는 것이 좋습니다. '엄마는 정육코너에서 고기 고르고 있을 테니 야채코너에 가서 세 개씩 든 오이를 두 팩 사다줄래?' 하고 부탁해서 엄마가 원하는 것을 찾아오게 시켜봅니다.

처음에는 한 가지만 시키고 시간을 두고 점차 세세한 부탁을 하는 것이 좋습니다.

나중에는 상점가나 백화점 지하식품부에서 가게나 매장별로 다른 심부름을 시키는 방법도 권장합니다.

'야채가게에 가서 ○○을 ×개 산 다음, 세 집 건너 과일가게에 가서 △△를 ★개 사다줄래?' 하고 부탁해보세요. 물론 사전조사를 해서 금액을 미리 확인해둘 것과 돈을 떨어트리지 말고 가도록 당부하는 것도 잊지 마세요.

엄마 모습이 보이지 않도록 조심하면서 지켜보는 것도 중요합니다.

이 작은 모험으로 아이가 성취감을 느끼고 혼자서 더 멀리까지 가보고 싶어 하는 마음이 생긴다면 대성공입니다.

인사와 몸가짐 가르치기

예의의 기본은 기분 좋은 인사지만, 남자아이 중에는 부끄러움과 경계심 때문에 하고 싶어도 하지 못하는 아이가 꽤 있습니다. 그럴 때는 '인사해!', '왜 인사 안 하니?' 하고 나무라지 말고 엄마가 모범을 보여주세요.

예를 들어 잘 아는 이웃을 만났을 때 엄마가 밝게 웃는 얼굴로 인사하는 모습을 보여주세요. 아이가 그것을 보고 **'말을 건네는 건 무섭지 않아.'**, '이 사람한테는 인사해도 되는구나.' 하는 것을 깨닫게 되면 처음에는 목소리가 기어들어가겠지만 점차 엄마를 따라 '안녕하세요.' 하고 두려움 없이 인사할 수 있게 될 것입니다.

아이가 인사를 하면 '바로 그거야!' 하고 용기를 불어넣어주세요.

그리고 조금씩 자신의 신체 주변을 정리하는 습관이 들게 하세요. 그러기 위해서는 아이에게 손수건과 휴지를 가지고 다니게 하는 것이 효과적인 방법입니다. 외출 시에 가지고 다니면서 필요할 때 쓸 수 있도록 연습해두는 것도 좋겠습니다.

화장실에서 손을 씻은 뒤 손수건을 꺼내 물기를 닦고 다시 접어 주머니에 넣은 일련의 동작은, **자기 일은 자기가 알아서 한다는 자립을 향한 첫걸음이 될 수 있습니다.**

아침에 스스로 옷을 챙겨 입는 연습을 시키세요. 벗을 때 뒤집어진 옷은 원래대로 잘 개켜 놓게 합니다. 단추를 채우고 푸는 연습도 필요합니다. 현관에 벗어놓은 신발은 가지런히 모아둡니다.

청결하고 호감이 가는 몸가짐은 모든 의사소통의 기본입니다. 특별히 의식하지 않아도 습관처럼 몸에 익히게 하면 금세 익숙해질 것입니다.

배움은 계속하는 데에
의미가 있어요

영어, 수학 등의 교과목 과외나 피아노, 바이올린, 수영 등의 레슨은 아이의 가능성을 높여주는 소중한 체험이므로 아이의 흥미를 고려해서 선택하는 것이 중요합니다.

공부든 레슨이든 일정 수준에 이르기 위해서는 쉬지 않고 꾸준히 계속하는 것이 철칙입니다. 집에 와서도 연습하는 끈기와 노력이 필요합니다. 목표를 달성하기 위해 지켜야 할 규칙을 배우는 기회이기도 합니다. **배움은 오래 계속하는 것이 포인트입니다.**

다른 아이와 비교하지 말고 '전보다 나아졌어.' '끝까지 해냈구나.'와 같은 과정을 평가하고 성공체험을 쌓아가는 훈련이라고 생각하세요.

아이가 배우는 것을 '그만두고 싶다'거나 '쉬고 싶다'고 하면 먼저 아이의 기분을 헤아려주세요. 컨디션이 좋지 않은 상태라면 귀찮거나 졸리거나 내키지 않아서 그러는 경우가 많으니까, '그래? 가기 싫구나?' 하고 안아주고 기분을 달래가면서 상황을 지켜보세요. 시원한 음료를 마시면서 기분을 전환하게 하는 것도 좋습니다.

가서 즐겁게 활동할 만하다고 생각되면 '기운내서 한 번 가볼까?' 하고 따뜻하게 말을 건넨 뒤, 단호한 태도로 아이의 등을 떠밀어주는 것도 필요합니다.

정말 가기 싫어하는 경우에는 다른 어떤 원인이 있을지도 모릅니다. 아이를 잘 관찰해서 그 원인을 찾아보세요. 그래도 싫다면 잠시 쉬게 하면서 상황을 지켜보는 것도 한 가지 방법입니다. 아이의 기분을 헤아려가며 도와주는 자세가 중요합니다.

실물을 접할 기회를
많이 만들어주세요

새로운 아이디어를 생각해내는 창의력은 풍부한 체험을 통해 나옵니다. **인간은 시행착오를 거치면서 무엇인가를 깨닫고 그것을 궁리할 의욕이 생깁니다.** 미술관, 박물관, 동물원, 수족관에 찾아가거나 자연체험 활동을 하게 해서 그림이나 동식물 등을 직접 접할 수 있는 기회를 만들어주세요.

저희 유치원에서 실시하고 있는 야외스쿨에서는 도예작업을 비롯하여 목장에서 막 짜낸 우유로 버터 만들기, 딸기밭에서 딴 딸기로 딸기찹쌀떡 만들기 등 아이들이 다양한 체험을 할 수 있는 기회를 마련해두었습니다.

사실 특별히 따로 마련할 것도 없이 매일의 일상 속에서도 얼마든지 새로운 것을 발견할 수 있습니다. 예를 들어 더운 여름날 산책 중에 해바라기를 보고 자기보다 키가 훨씬 더 크다는 사실을 알 수 있고, 여름이 끝나갈 때쯤이면 '해바라기가 점점 시들고 있어. 그런데 씨가 많이 생겼네. 내년에도 꼭 다시 필거야.' 하고 상상할 수도 있습니다.

수족관에서 커다란 고래상어를 본 아이라면 틀림없이 고래상어를 그리고 싶어 할 것입니다. '어떻게 하면 힘이 세보일까?' '무슨 색이었지?' 하고 다양한 아이디어를 펼칠 것입니다.
실물을 보는 것은 아이의 창의력을 자극하는 데 도움이 됩니다. 자꾸 나가서 다양한 체험을 하게 해주세요.

아울러 그 체험을 구체적으로 말할 수 있도록 하는 것이 중요합니다. 다양한 체험을 통해 아이 스스로 자신이 무엇에 흥미가 있는지 알게 하고 가능한 한 그 흥미를 지원해주세요. 좋아하는 것이 하나 생기면 다른 것에도 집중하는 힘이 생깁니다.

아이의 개성 키우기

단체생활에서는 모두가 함께 행동하는 것을 배웁니다. 남들과 조화를 이루면서 강한 개성을 발휘하려면 남과 다르다는 것을 두려워하지 말아야 합니다.

남들과 다른 자신만의 견해를 잘못됐다고 생각하지 말고 '나는 이렇게 생각해.' 하고 자신 있게 주장할 줄 아는 힘을 길러주세요.

그런 면을 확장해감으로써 스스로 좋아하는 것을 쟁취하려는 의욕이 길러집니다. 엄마의 적절한 도움으로 아이의 빛나는 개성이 발견되는 것입니다. 아이의 개성을 키우려면 다음의 3가지가 반드시 필요합니다.

① '이거 재미있다!', '진짜 재미있겠다!', '좀 이상한 느낌이 드는데?'와 같이 아이의 감각을 자극하는 장면을 일상적으로 경험

하게 해주세요.

② 느끼거나 생각한 것을 말로 표현하는 습관을 갖게 해주세요. 자신이 느낀 흥미를 누군가에게 표현하지 않으면 그것은 개성으로 발전하지 않습니다.

③ 놀이 속에서 아이가 좋아하는 것을 찾아내야 합니다. 놀이 속에 아이의 미래로 이어지는 에너지가 숨어 있습니다.

예를 들어 점토로 동물을 만들 때도 아이의 생각을 구체적으로 나타내는 이미지를 끄집어내서 포인트가 되도록 조언해주세요.

코끼리나 사자 같은 인기 있는 동물뿐 아니라 망토비비나 카피바라처럼 희귀한 동물을 만들고 싶어 할지도 모릅니다. 그럴 때는 절대 이것저것 가르치려 들거나 다른 동물로 유도하지 말고 아이가 만들고 싶어 하는 것을 만들 수 있도록 도와주세요.

그렇게 함으로써 '남들과 다른 것', '내가 만들고 싶은 것'을 만들었다는 만족감이 들고 **그 아이만의 독창적인 감성이 발현됩니다.**

여름방학 잘 보내는 법

여름은 남자아이를 단련하는 좋은 찬스입니다. 긴 여름방학에는 평소에 할 수 없는 체험에 도전해보세요. 앳돼 보이던 얼굴 윤곽이 뚜렷해지고 자주성을 갖고 의욕적으로 행동하는 좋은 계기가 될 수 있습니다.

저희 유치원에서는 매년 7살 아동을 대상으로 2박 3일 동안 여름철합숙을 실시합니다. 부모 품을 떠나 단체생활을 하는 것은 대부분의 아이들이 처음 해보는 경험일 것입니다. 아이들은 자연 속에서 단체생활 규칙을 지키면서 지내는 동안 많은 것을 배웁니다. 무엇보다 무엇인가를 스스로 해냄으로써 얻어지는 자신감은 이 기간 동안 아이들에게 주어지는 최고의 보물이라고 할 수 있습니다.

아이 혼자 시골 할머니 댁에 보내서 지내게 하는 등, **6살이 되면 부**

모 품을 떠나서 지내는 경험을 꼭 쌓게 해주세요.

　또 여름방학 때 가족여행 계획 중 일부를 아이에게 맡겨보는 것도 좋습니다. 갈 곳을 함께 논의해서 정했으면 여행지의 팸플릿 등을 모아 정보를 검토해보세요.
　일행과 함께 즐길만한 여행활동이나 주요 관광지를 검색하면서, 1일째는 어디에 가고 2일째에는 어디에서 식사를 한다든지 하는 식으로 여행일정을 자세히 짜보게 합니다.
　그리고 이렇게 짠 계획에 맞추어 가족여행을 떠납니다. 이렇게 **가족여행을 주도적으로 계획하고 실행에 옮기는 것은 아이에게 소중한 경험이 될 것입니다.**

　긴 여름방학은 일주일 단위로 목표를 설정하여 리듬감 있게 지낼 수 있도록 고안하는 것도 중요합니다. 목표가 있으면 성취감이 생기고 방학 전보다 성장한 자신의 모습을 스스로 느낄 수 있습니다. 이것은 방학 이후의 의욕적인 생활태도로 이어집니다.

계절별 행사에 참여하기

아이들은 자연을 좋아합니다. 자연을 접하면 생생하고 활기찬 활동을 할 수 있습니다. 봄에는 꽃놀이, 여름에는 산과 바다 놀이, 겨울에는 눈 축제 등 평소에 자연을 접할 기회를 많이 마련해주세요. 또 **계절별 동식물의 특징과 연중행사에 관한 지식을 쌓게 하고 그것을 실생활에 적용하게 하면 호기심의 폭이 대폭 확장됩니다.**

설에는 설 요리를 만드는 것을 돕게 하면서 요리의 의미를 하나하나 가르쳐주는 것도 좋습니다.

어린이날(일본의 전통명절)에는 인형을 장식하고 떡을 만들어 먹고 창포물에 몸을 담가보세요. 그리고 거기에는 아이의 건강한 성장을 바라는 부모의 마음이 담겨 있다는 것을 알려주세요.

아이와의 소통을 좋게 할 뿐만 아니라 **생활 속의 행위나 물건 하나하나에 모두 의미가 있다는 것을 알려주는 계기가 되기도 합니다.**

유아는 경험이 부족해서 시간의 흐름이나 계절의 변화를 실감나게 이해시키기 어렵습니다.

  하지만 계절별 연중행사와 함께 설명하면 이미지화가 잘돼서인지 손쉽게 이해합니다.

  '왜 그럴까?' 하는 호기심을 가진 상태에서 사물이 갖고 있는 깊은 뜻을 알게 되면 그 즉시 사물이 주는 인상이 180도 바뀌는데, 아이가 이와 같은 경험을 하는 것이 중요합니다.

  또한 계절별로 피는 풀꽃의 이름을 외워서 사계절의 변화를 느끼게 하는 것도 정서적으로 풍부한 일상을 보내는 데 도움이 됩니다.

  계수나무 향기를 맡으면 가을을 느끼고 자작나무 수피를 보면 겨울추위를 실감하고 식탁에 오른 죽순을 보면 봄이 왔음을 느끼듯이, 계절의 변화는 구체적인 사물을 통해 보다 선명하게 기억될 것이고, 이러한 경험은 아이의 다양한 능력에 영향을 미칠 것입니다.

TV와 만화에서도 배울 게 있어요

어느 시대나 남자아이들은 TV프로그램이나 블록버스터 영화에 등장하는 싸움 잘하는 주인공들을 동경합니다. '커서 뭐가 되고 싶니?' 하고 물으면 프로그램 주인공 이름을 대거나 주인공이 결정타를 날릴 때 취하는 포즈를 흉내 내기도 합니다. 정의를 위해 악과 싸우는 주인공과 그 이야기에는 남자아이들의 마음을 사로잡는 온갖 매력적 요소가 다 들어 있습니다.

동료와 힘을 합해 적을 물리치고 지구를 지키는 주인공은 강해지고 싶어 하는 남자아이들의 이상형입니다. 주인공의 멋진 포즈도 한몫 하는 것 같습니다.
TV든 만화든 무조건 금지하지 말고 잘 활용해서 주인공을 동경하는 마음이 긍정적인 방향으로 자랄 수 있도록 이끌어주세요.

주인공이 되고 싶어 하는 아이의 마음을 어려운 일을 극복하는 데 이용할 수도 있습니다.

예를 들어 운동을 잘 못하는 아이에게 외발 뛰기를 시킵니다. 외발 뛰기는 요령이 없으면 한두 걸음에 균형을 잃고 금세 두 발로 걷게 됩니다. 그러면 그 즉시 '그 정도로 지구를 지킬 수 있을까?' 하고 아이에게 물어봅니다.

그런 말을 들으면 대부분의 아이들은 외발 뛰기를 열심히 연습해서 며칠 뒤에 자신의 실력을 보여주러 옵니다. 포인트는 외발 뛰기처럼 며칠만 연습하면 누구나 숙달할 수 있는 쉬운 과제를 주는 것입니다. 아이가 숙달한 모습을 보여주면 반드시 '지구는 너한테 맡길게.' 하고 크게 칭찬해주세요.

TV나 만화에는 악역이 등장하게 마련인데, 이것은 '세상에는 좋은 사람만 있는 게 아니란다.' '무서운 일도 많아.' 하고 아이에게 세상의 부정적인 측면을 보여주는 역할도 합니다. **위험을 미리 알아채고 본능적으로 몸을 보호하는 것의 중요성을 배울 수도 있습니다.**

TV는 시청시간을 정하고 프로그램을 선별해서 보여주도록 하세요.

바쁜 아빠에게는
선택과 집중이 필요해요

　　남성은 직장, 여성은 가사라는 가치관이 요 20년 사이에 많이 바뀌어서 남성이 가사에 뒷짐을 지고 있을 수만은 없는 시대가 되었습니다.
　　남자아이는 아빠를 잘 따르고 아빠 흉내를 내며 성장합니다. 따라서 아빠가 육아에 관여하는 것은 어찌 보면 당연한 일입니다. **엄마가 세세한 가르침에 치중한다면 아빠는 아이에게 풍부한 감성을 전달하는 역할을 할 수 있습니다.**

　　원래 남자아이였던 아빠는 남자아이의 특성을 잘 알고 있습니다. 웬만한 행동에는 화를 내지 않기 때문에 남자아이들은 아빠와 노는 것을 좋아합니다.
　　무등 타기, 씨름, 캐치볼 같은 몸을 쓰는 놀이를 비롯해서 곤충채

집이나 공작처럼 스킨십과 오감을 써가며 노는 즐거움을 가르쳐주세요. 모래밭에서 멀리뛰기 같은 활동적인 놀이를 해보는 것도 좋습니다.

이와 같은 놀이를 통해 '아빠는 굉장해.', '아빠한테는 이길 수 없어.'와 같은 **존경심도 생깁니다.** 규칙의 중요성과 일을 끝마치는 것의 어려움도 알게 됩니다.

평일에 아이와 함께 하는 시간이 부족하면 휴일에라도 아이와 소통하는 시간을 충분히 가지세요. 평소에 부모가 협력해서 아이에 관한 정보교환을 긴밀히 하고 아이의 상태와 목표하는 바를 제대로 공유하는 것도 매우 중요합니다. **아이의 안정된 마음은 원만한 부부관계를 전제로 성립합니다.**

남자아이에게는 럭비공 같은 재미가 있습니다. 그 재미는 아마 아빠가 가장 잘 이해할 것입니다. 아이는 아빠와의 좋은 관계 속에서 자립심 강한 아이로 성장합니다.

가끔은 약한 모습을 보여서
아이의 위로를 받아보세요

남자아이를 키우다보면, 항상 엄마 치마 품에 싸여 지내던 응석받이가 어느 순간 엄마에게 도움을 주는 아이로 변신하는 경우가 있습니다. 짐이 무거울 때 도와주기도 하고 눈코 뜰 새 없이 바쁠 때 동생을 봐주기도 합니다.

남자아이가 엄마를 지켜주는 백기사로 변신하는 순간은 남자아이를 키우면서 맛볼 수 있는 최고의 맛이라고 할 수 있습니다. 엄마들은 항상 주도권을 쥐고 아이를 지도하고 이것저것 참견하기 마련이지만, 그것만으로는 아이의 자주성을 키울 수 없습니다.

가끔은 무거운 짐을 내려놓고 쉬면서 공주처럼 지내는 것도 필요합니다.

'엄마는 잘 모르겠어. 가르쳐줄래?', '이건 어떻게 하는 거니?' 하고 아이의 설명을 요청하세요. 분명히 의기양양해서 가르쳐줄 겁니다.

밖에서도 길을 모르는 척 하면서 '어라, 방향을 모르겠네?', '경찰서가 어디지?' 하고 아이에게 주도권을 넘겨보세요. 엄마가 자신에게 의지하고 있다는 것을 알면 아이는 '내가 정신을 똑바로 차려야 해.'라는 자각심이 생겨납니다.

그리고 아빠는 엄마가 없는 데서 아이에게 살짝 이렇게 말해보세요.

'요즘 하는 행동이 듬직하니 큰형님 같구나. 이제부터는 네가 엄마를 지켜줘야 할 것 같다. 엄마도 여자라 겉으로는 강해 보여도 실제로는 약한 데가 많아. 이제부터 아빠랑 같이 엄마를 지켜주자.'

자신감과 자긍심을 자극하는 말은 아이의 마음에 강한 여운을 남깁니다.

일하는 엄마는 이른 아침을 활용하세요

직장맘의 최대 고민은 아이와 같이 있을 시간이 절대적으로 부족하다는 것입니다. 이 고민은 아침 시간을 잘 활용하면 해결할 수 있습니다. **아침에 짧게라도 아이와 함께 보내는 시간을 가져보세요.**

어느 맞벌이 엄마의 시간표를 소개합니다.

아침 5시 전에 일어나서 아이가 일어날 때까지 조용한 시간에 가사와 잡무를 처리합니다. 저녁식사 준비도 이때 해두면 귀가 후 시간을 절약할 수 있습니다.

아이가 일어나서 아침식사를 마치면 집을 나서기 전까지 30분 정도 이야기책을 읽어주거나 공부를 시키는 등 아이와 함께 소중한 시간을 갖습니다. 귀가가 늦은 아빠도 이 시간에는 식탁에 모여 함께 대화를 나눌 수 있습니다.

아이를 등원시키면 출근입니다. 근무 중 업무를 충실히 해서 집에까지 일을 들고 오는 일이 없도록 합니다. 저녁 6시에 아이를 데리러 갑니다. 저녁식사와 목욕을 마치면 카드놀이를 하면서 가족 간에 즐거운 시간을 보냅니다. 아이를 재우고 9시 30분에서 10시 사이에 취침합니다. 이것이 평균적인 하루일과입니다.

아침시간을 잘 활용하면 생활에 리듬감이 생기고 스트레스가 쌓이는 일 없이 일과 육아를 병행할 수 있습니다. 꼭 참고해서 실천해보세요.

중요한 것은 양보다 질입니다. 아이와의 시간을 밀도 있게 보내는 것이 포인트입니다.

Lesson

3

사고력을 기르는 가정학습

스스로 공부하는
아이가 되는 방법

책상에 앉는 것을 일상화 하세요

공부 잘하는 아이는 공부하라는 잔소리를 들은 기억이 없다고 합니다.
교육열 높은 엄마가 아이의 공부에 무관심할 리는 없습니다. **비결**은 그 아이에게는 공부가 특별한 것이 아니라 생활의 일부라는 것입니다. 즉 아이가 자연스럽게 공부하게 되는 환경이 조성되어 있다는 것입니다.

아이에게 독서나 공부하는 습관을 들이려면 평소에 공부하는 부모의 모습을 보여주세요.
아이는 부모를 보며 자랍니다. 일상적으로 책을 읽고 신문을 읽는 엄마를 보면 아이도 자연스럽게 새로운 지식을 얻는 즐거움과 기쁨을 알게 됩니다.

평소에 '공부는 즐거운 것'이고 '어른이 돼서도 공부는 필요하다'는 것을 집안 분위기로 알 수 있게 해주세요.

옆에서 함께 공부하세요

독서나 그림 그리기, 교재 공부 같은 가정학습은 엄마와 함께 같은 테이블에서 하는 것을 추천합니다. 이때 마주보고 앉지 말고 나란히 앉으세요. 엄마의 표정이 바로 보이지 않아 아이가 집중할 수 있고 엄마가 옆에 있다는 안도감에 차분하게 과제를 풀 수 있습니다.

엄마와 함께 하면 개념을 제대로 이해했는지 체크하기도 쉽습니다. 공부뿐 아니라, 짧은 시간이라도 부모와 아이가 함께 하는 시간을 갖는 것은 부모의 행동기반과 기본적인 사고방식을 아이에게 전달하는 좋은 계기가 됩니다.

'엄마는 이렇게 생각해.', '그건 좋지 않다고 생각해.', '그 집에서는 몰라도 우리 집에서는 안 된다는 거 약속!' 하고 평소에 대화를 나눔으로써 부모의 생각이 자연스럽게 아이에게 전달됩니다.

칭찬으로 시작해서 칭찬으로 끝내세요

어린 시절 배운 것을 자식과 함께 다시 공부하는 것은 아이를 키우면서 맛보게 되는 특별한 맛이자 새로운 발견이기도 합니다.

문제집을 풀 때는 우선 예제를 엄마가 함께 풀면서 설명해주세요. 그리고 간단한 문제부터 시작하게 합니다. 다 풀었으면 커다란 별점을 주고 칭찬해주세요.

아이가 '해보니까 됐어.', '생각보다 어렵지 않아.' 하고 생각하게 되면 아이의 '의욕스위치'가 켜진 셈입니다. 이제 아이는 더욱 앞으로 전진해나갈 것입니다.

차츰 문제의 수준을 높여 어려운 문제까지 도전해보았으면 마지막에는 다시 간단한 문제로 그날의 공부를 마무리합니다. 중간에 풀지 못한 문제도 있겠지만, 마지막 문제는 항상 커다란 별점을 받게 하고 끝냅니다. 이것이 포인트입니다.

설마 이건 못 풀겠지?

스스로 생각하고 시행착오를 거쳐 정답을 알아냈을 때의 만족감은 공부의 즐거움을 알게 되는 기반입니다.

아이가 '해냈다!', '더 하고 싶어!' 하는 단계가 되면, 아이에게 보다 높은 수준을 목표로 도전하게 하세요. 이때 문제 수준을 조금씩 높여 부담을 적게 주는 것이 중요합니다.

새로운 과제나 살짝 어려운 과제를 풀게 할 때 제가 정해놓고 하는 말이 있습니다. '설마 이건 못 풀겠지?'

'다음 문제는 훨씬 어려운데. 설마 이건 못 풀겠지?' 하고 못미덥다는 듯이 말하면 아이들은 '풀 수 있어요!' 하고 보란 듯이 달려들어 실제로 문제를 해결합니다.

단 의욕적으로 잘한다고 해서 한 번에 많은 양을 주는 것은 금물입니다. 처음에 정한 분량을 소화했으면 그것으로 끝내세요.

습관화 하는 것이 목적이므로 '오늘 10페이지 했으니까 내일은 안 해도 돼.' 하는 식이 되지 않도록 기본분량을 정해놓고 매일 일정하게 하는 것이 중요합니다.

집중해 있을 때는 말을 걸지 마세요

먼저 하는 방법을 알려줬으면 그다음에는 혼자 해보게 하세요. 엄마도 책을 읽는다든지 다른 일에 집중하세요.

중간에 말을 걸거나 해서 방해하면 안 됩니다. 또 옆에서 '빨리 해!', '아직 멀었니?' 하고 재촉하지 마세요.

사고력을 총동원해서 문제를 푸는 동안 아이의 집중력이 한층 더 높아지기 때문입니다. 스스로의 힘으로 목표에 도달하는 기쁨을 누릴 수 있도록 해주세요.

아이가 다 푼 뒤 '엄마, 봐주세요.' 하고 보여주면 '애썼어!' 하고 끝까지 해낸 것을 칭찬합니다.

그림 그리기나 점토공작, 블록 쌓기, 만들기 등을 할 때도 몰두해 있을 때는 아이가 말을 걸어오기 전까지는 참견하지 말고 지켜보는 것이 중요합니다.

틀렸을 때는 '야, 아깝다!' 하고 말해주세요

'정확하고 빠르게'가 이상적입니다만, 아이가 과제를 해결할 때 처음부터 너무 속도를 강조하지 말아 주세요.

흔히 남자아이들은 귀찮아서 대충 빨리 해버리는 경우가 많습니다. 제대로 이해하지 못하면서도 하는 것에 만족하고 잔 실수를 자주 저지릅니다.

유아기에는 속도보다 제대로 이해하는 것이 먼저입니다. 그리고 틀렸을 때는 '야, 아깝다!', '거의 다했는데, 정말 아까워!' 하고 긍정적인 평가를 해주세요.

'아깝다!' 하는 마음이 들면 앞으로는 문제를 더 꼼꼼히 풀어보려고 할 것이고 '이걸로 다 된 걸까?' 하고 한 번 더 생각해보는 마음이 생길 것입니다.

'부주의로 인한 실수'도 대폭 줄어들 것입니다.

이와 같은 습관이 든 뒤에는 속도를 의식하는 것도 괜찮습니다.

운동경기처럼 '이번에는 ○분 안에 해볼까?', '엄마하고 한번 경쟁해볼래?' 하는 식으로 유도하면 아이도 즐거워하고 속도감도 익힐 수 있는 기회가 될 것입니다.

책을 읽으면
머리가 좋아져요

옆에 항상 책을 두는 습관을 들이세요

저는 어린 시절, 많은 책에 둘러싸여 지냈습니다. 도감, 역사소설, 운동선수의 전기 등 **장르에 관계없이 손이 닿는 곳에는 항상 책이 있었고 책을 읽는 것이 생활의 일부였습니다.** 아이 때부터 책을 읽는 습관이 든 덕분에 사물을 보는 새로운 시선과 논리적인 사고방식을 자연스럽게 습득할 수 있었습니다.

책을 읽으면 어휘력이 늘어 풍부하고 아름다운 언어적 표현을 능동적으로 할 수 있게 되며, 두꺼운 책을 끝까지 읽어내는 끈기와 집중력도 길러집니다. 독서를 통해 언어를 이해하고 표현하는 것은 종합적인 학력을 양성하는 고도의 훈련인 것입니다.

그렇게 많은 책을 읽게 해준 부모님이 고마울 뿐입니다.

독서가 주는 가장 큰 즐거움은 개인이 경험할 수 없는 수많은 모험을 책 속에서 간접적으로 체험할 수 있다는 것입니다. 작가나 등장인물 중 한 명이 된 기분으로 책 속에서 경험하는 상상의 세계는 아이로 하여금 자신이 장차 어떤 삶을 살 것인지 생각해보게 하는 계기가 될지도 모릅니다.

어린 시절의 독서는 아이의 인생을 한층 더 풍요롭게 해줄 것입니다.

활자를 멀리하는 현상이 갈수록 심해지는 요즘이지만, 그럴 때일수록 더욱 독서의 중요성을 깨닫고 아이가 10살이 될 때까지 독서를 좋아하는 아이로 키워야 합니다.

기본적으로 아이가 좋아하는 책이라면 어떤 책이라도 읽게 해서 책을 가까이 하는 습관이 들게 하세요. 그런 다음 평판이 좋은 추천도서를 권해서 읽게 하고, 아직 이를지 모르지만 꼭 읽히고 싶은 책은 책장에 꽂아 진열해두면 좋습니다.

책도 사람도 만남이 중요합니다. 지금 바로 읽지 않더라도 언젠가는 읽을지 모릅니다. 언제라도 읽을 수 있는 환경을 만드는 것이 중요합니다.

좋아하는 책은 반복해서 읽게 하세요

남자아이가 여자아이에 비해 눈에 띄게 뒤떨어지는 것은 언어 관련 능력입니다. '오늘은 어떻게 왔니?' 하면 '버스!', '어제 저녁은 뭘 먹었니?' 하면 '햄버거.' 하는 식으로 대부분의 남자아이들은 질문에 간단한 단어로밖에 대답하지 못합니다.

단어가 아닌 문장으로 대화하기 위해서는 기본적으로 사고력을 갖춰야 합니다.

유아의 어휘력을 높이려면 먼저 그림책을 읽어주세요.

아이는 엄마가 그림책을 읽어주는 것을 좋아합니다. 엄마 무릎에 앉아 그림책 이야기를 듣는 아이의 모습은 안심과 만족 그 자체입니다.

그림을 보면서 낱말이 주는 이미지를 떠올리거나 그림을 말로 표현하는

능력도 좋아집니다.

마음에 드는 그림책은 반복해서 읽어달라고 할지도 모릅니다. 만족할 때까지 몇 번이라도 읽어주세요.

남자아이 마음에 잘 전달되게 읽어주는 방법

책을 읽어주는 것은 아이의 정서를 안정시키는 효과에 그치지 않습니다. 이야기를 집중해서 듣고 내용을 제대로 이해하는 힘을 길러주기도 합니다. 중요한 것은 읽을 때 또박또박, 리듬감 있게 발성하는 것입니다. '은, 는, 이, 가, 을, 를' 등의 조사를 아이가 확실히 알아듣도록 **의식적으로 발성해서 읽어야 합니다.**

그렇게 하면 낱말만 읽어주는 것보다 이해가 더 잘 되고, 어감과 행간의 숨은 의미를 살피고 분위기를 상상할 줄 아는 힘이 균형 있게 성장할 것입니다.

내용 이해도가 높아지면 **이야기 속 등장인물이 되어 '이럴 때는 어떤**

마음이 들까?' 하고 상상하거나 상대방을 배려하는 마음이 싹틉니다. 희로애락의 감정을 자신의 경우에 견줘보는 능력도 생길 것입니다.

수학 잘하는 아이로
키우는 방법

종이접기, 블록놀이, 나무블록 쌓기로 도형감각 기르기

남자아이들이 좋아하는 블록놀이나 나무블록 쌓기 놀이는 입체적인 도형 감각을 익히는 데 크게 도움이 됩니다.

또 하나의 도형을 다른 형태로 바꾸는 종이접기나 다양한 형태의 피스를 조합해서 또 다른 형태의 도형으로 만드는 퍼즐 맞추기는 평면적인 도형 감각을 길러줍니다.

이런 놀이를 통해 아이들은 공간인지 능력을 높일 수 있습니다. 따라서 유아기에 이와 같은 놀이에 얼마나 친숙했느냐가 수학을 잘하는 아이가 될 수 있는지 없는지를 결정한다고도 할 수 있습니다.

수를 세는 감각은 일상생활에서 물건을 나누거나 계단을 오르내

릴 때 하나씩 세는 등의 행위를 통해 길러집니다. 이처럼 수를 세는 행위를 평소에 놀이처럼 습관화 하면 수학적인 감각이 자연스럽게 몸에 밸 것입니다.

교재 고르는 법

아이의 수학적 능력을 자연스럽게 향상시키기 위해서는 문제의 난이도가 이해하기 쉽게 구성된 교재를 권합니다.

신가카이교육연구소에서 개발한 스텝내비시리즈(A~D)는 문제의 난이도가 '수량·비교', '추리·사고', '도형·관찰력'의 3단계로 수학적 능력을 균형 있게 키울 수 있도록 구성되어 있습니다. 꼭 참고해주세요.

여기서 예제로 「스텝내비 B·기초편」의 난이도 ★★★짜리 문제를 소개하겠습니다. 이 문제는 책상 위에서만 푸는 것이 아니라 실제 사물을 보고 만지는 행위를 통해 이해도를 높이는 것이 중요합니다. 문제는 엄마가 읽어줍니다. (정답은 132쪽에 있습니다.)

〈풀 수 있을까? ❶〉

사고력을 키우는 수와 양 문제

|질문|

마법의 집이 있습니다. ★ 표시를 한 집을 통과하면 ○가 2개 늘고 ♥ 표시를 한 집을 통과하면 ○가 3개 줄어듭니다. 그렇다면 집 왼쪽에 있는 ○가 집을 통과하면 모두 몇 개가 되나요? 그 수만큼 ○를 표시해봅시다.

|해설|

제시되어 있는 조건을 적용하여 계산하는 문제입니다. 수만 세는 것이 아니라 주어진 조건 속에서 답을 이끌어내야 하므로 수를 조작하는 사고력이 필요합니다.

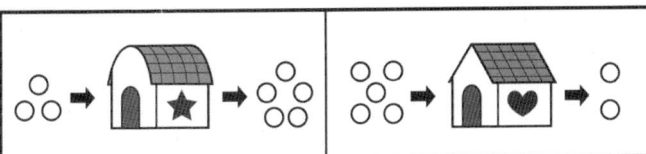

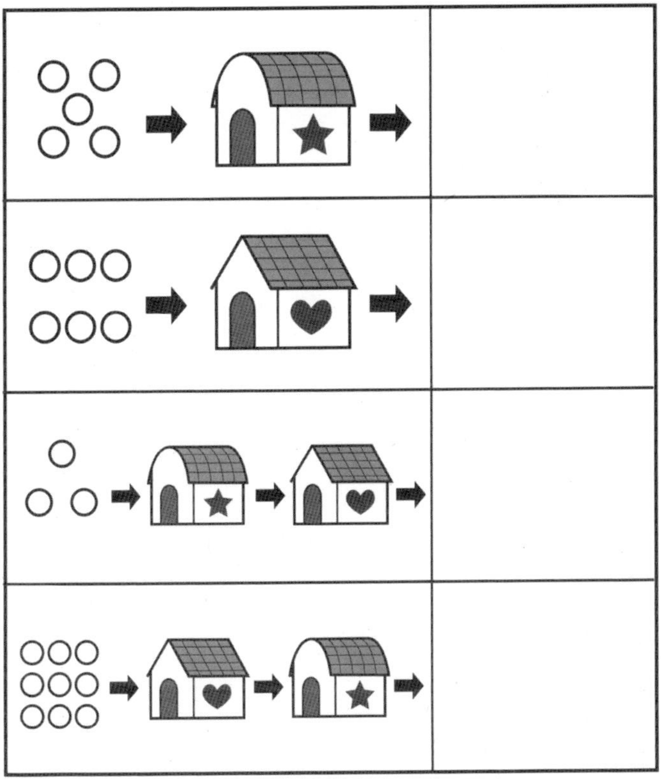

〈풀 수 있을까? ❷〉

사고력을 키우는 무게 문제

|질문|

왼쪽 네모 칸에서 무게를 잰 결과를 보고 오른쪽 네모 칸의 그림 중 가장 무거운 것에는 ○표, 가장 가벼운 것에는 ×표를 해봅시다.

|해설|

시소가 2개씩 있으므로 A보다 B, B보다 C가 무거울 때 가장 무거운 것은 C라는 논리적 사고가 필요합니다.

〈풀 수 있을까? ❸〉

사고력을 키우는 대칭 도형 문제

|질문|

왼쪽과 같이 종이를 접은 뒤 흰 부분을 잘라 펼쳤을 때 어떤 모양이 되는지 오른쪽 그림에서 골라 ○ 표시 해봅시다.

|해설|

선택지 그림의 대칭축에 해당하는 부분에 접는 선을 그려 넣어보세요. 접는 선을 그렸을 때 왼쪽의 보기와 모양이 같아지는 그림이 정답입니다.

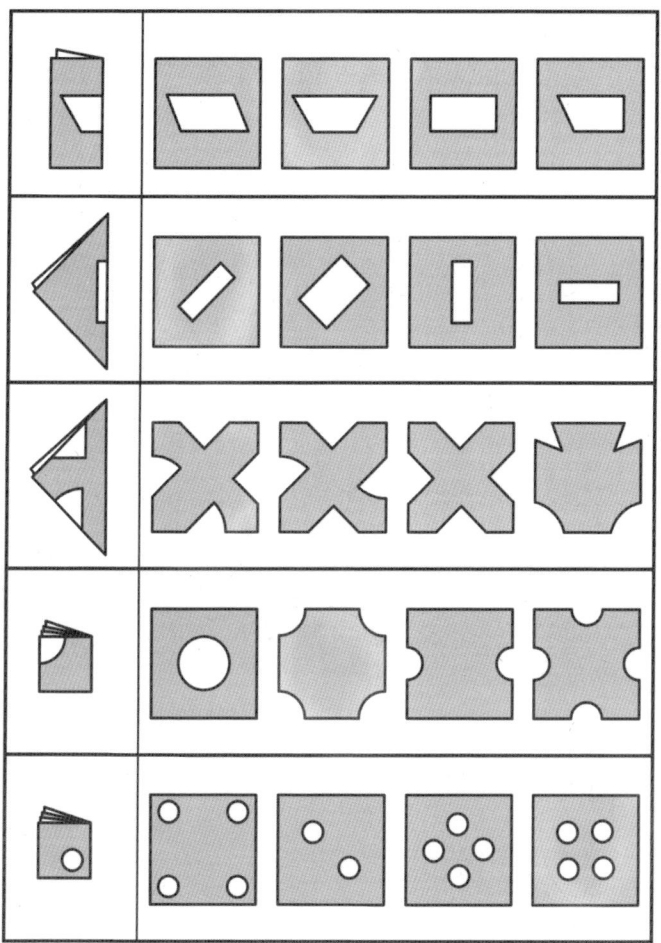

〈풀 수 있을까? ❹〉

사고력을 키우는 같은 도형 찾기 문제

| 질문 |

왼쪽의 보기와 같은 그림을 찾아봅시다. 단 회전시켜 놓은 것도 있으므로 잘 보고 같은 그림이라고 생각되는 것에 ○표시 해봅시다.

| 해설 |

문제를 푸는 데 시간이 걸릴 때는 보기의 그림과 명백히 다른 것부터 찾아 선택지를 줄여가는 방법으로 정답을 찾아보세요.

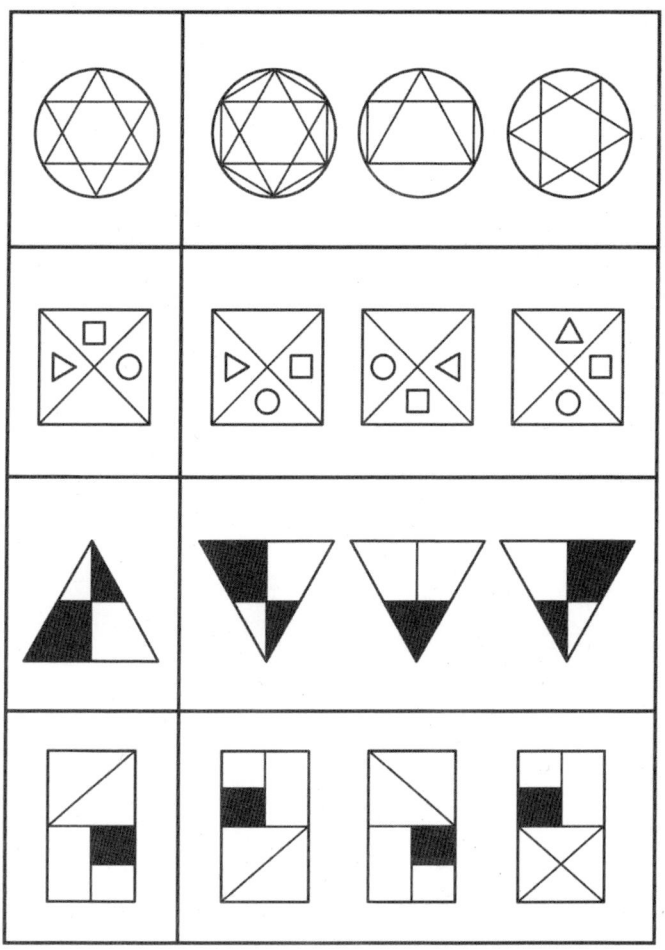

〈풀 수 있을까? ❺〉

사고력을 키우는 다른 각도의 사물 찾기 문제

|질문|

탁자 위에 있는 인형과 꽃병을 ○, △, □의 방향에서 보면 각각 어떤 모습으로 보일까요? 올바른 그림을 고른 뒤 ○, △, □로 방향 표시를 해 봅시다. □는 뒤에서 본 모습을 골라주세요.

|해설|

인형의 방향, 손에 든 꽃과 옆에 있는 꽃병의 위치 등을 종합해서 판단하는 문제입니다. 선택지별 차이를 잘 파악하는 것이 중요합니다.

그림으로 표현력과
상상력 키우기

이미지화 하는 힘 기르기

그림만큼 아이의 개성을 단적으로 나타내는 것은 없습니다. 그림 그리기는 본 적 있는 것, 경험해본 것, 기억에 남아 있는 것을 끄집어내 재현하는 행위로 상상력을 단련하는 고도의 훈련입니다. 실재 사물을 있는 그대로 그리는 '모사'가 아니므로 실물처럼 보이지 않아도 관계없습니다.

의외로 그림 그리기를 싫어하는 아이들이 많습니다. 아마도 자신이 그린 그림을 인정받지 못한 탓에 자신감을 잃었기 때문일지도 모릅니다.

아이가 기린을 그렸는데 기린처럼 보이지 않더라도 절대 부정적으로 평가하지 말아주세요. 또 그리기 전부터 '기린은 목이 길어.' '색깔은 노란색 바탕에 얼룩무늬가 있어.' 하고 획일적으로 가르치는 것은 좋지 않습니다.

아이가 그린 그림을 '못 그렸네.', '전혀 기린 같지 않아.' 하고 부정적으로 평가하면 그 즉시 아이는 그림을 그리려는 의욕을 잃어버립니다. 아이에게 조언할 때는 아이 스스로 알아챌 수 있도록 단서를 제공하는 수준에 그쳐야 합니다. 부모가 '크기는 어느 정도 될까?', '다리는 두꺼울까, 가늘까?', '귀는 어떻게 생겼을까?' 하는 식으로 말을 건네면 아이는 자신의 생각을 그림으로 나타내려면 어떻게 하는 게 좋을지 고민할 것이고, 그것을 상대방에게 효과적으로 전달하기 위한 아이디어를 찾기 위해 노력할 것입니다. 그리고 이 같은 체험을 반복하는 동안 아이의 상상력은 풍부해집니다.

그림이 완성되면 '색깔이 화려한 그림이구나.', '큼직하고 시원시원하게 그렸구나.' 하고 **아이디어가 돋보이거나 노력한 부분을 구체적으로 가리켜 칭찬해주세요.**

10살까지 익혀둬야 할
공부습관

7살~초등학교 입학까지

이 시기에는 무엇보다 자신감을 갖게 하고 놀이 속에서 배우는 즐거움을 발견할 수 있도록 하는 것이 중요합니다. **친구와의 관계 속에서 적극적으로 리더십을 발휘하는 경험을 해보는 것도 좋습니다.**

예를 들어 여럿이 모여 놀 때도 주도적으로 아이디어를 내거나 다른 누군가의 의견을 발전시켜서 제안하는 등의 경험을 해보는 것이 좋습니다.

자신의 제안에 친구들이 협력하고 집단으로 움직이게 되는 경험은 아이에게 커다란 자신감을 줍니다.

또 하루에 10분, 20분씩이라도 좋으니까 매일 책상 앞에 앉는 습관을 갖게 하세요.

초등학교 입학~10살까지

저학년 동안에는 기초학력이 되는 읽기, 쓰기, 계산을 매일 꾸준히 시키세요. 독서와 소리 내어 읽기, 쓰기 연습(받아쓰기), 계산 연습을 습관화 하고 기본 틀을 제대로 갖추게 합니다.

문자를 정성들여 정확하게 쓰는 습관은 이 시기에 확실하게 정착시켜야 합니다. 아무렇게나 쓰는 것은 아무리 많이 써도 의미가 없습니다. 특히 한자는 의미를 생각하면서 천천히 쓰도록 하세요.

책을 읽을 때도 소리를 내서 읽으면 눈과 입과 귀를 모두 사용하게 되므로 문장 이해력이 좋아집니다. 문장을 대충 읽는 버릇이 줄고 정보를 정확하게 파악하게 됩니다.

결과를 말하게 하면 이해력이 좋아져요

아이로부터 '왜 이렇게 돼요?', '어째서 그렇게 된 거죠?' 하고 질문 공세에 시달릴 때가 있습니다.

그럴 때는 일단 의문을 가진 것에 대해 칭찬해주세요. 그리고 '왜 그렇게 생각했지?', '왜 그렇다고 생각해?', '이유를 가르쳐줘.' 하고 되물어주세요.

아이가 어떤 답을 해도 좋습니다. 스스로 진지하게 생각해서 그 결과를 표현하는 과정을 반복함으로써 아이는 한층 더 문제를 대하는 태도가 신중해질 것입니다.

아이의 대답에 '그렇구나!', '역시!' 하고 맞장구치면서 끝까지 말을 하게 하세요. 남의 말은 끝까지 들어야 한다는 매너를 배우는 계기가 되기도 합니다.

문제를 충분히 이해하고 복습해서 자신의 것으로 소화했으면 다른 사람에게 알기 쉽게 가르쳐줄 수 있어야 합니다. **지능은 입력된 지식을 출력할 때 효과적으로 단련되기 때문입니다.**

'왜냐하면' 하고 이유를 설명할 줄 안다는 것은 아이가 발전해가고 있다는 신호입니다. 논리적인 사고력이 자라고 있는 것입니다.

또 평소 궁금해 하던 것을 아이와 함께 사전이나 인터넷, 도감 등에서 찾아 조사해보고 정보를 공유하는 것도 좋은 방법입니다. 부모와 아이가 함께 '그렇구나!', '알았어!' 하고 공감하면 배우는 즐거움도 두 배로 커집니다.

문제 정답

1 117쪽

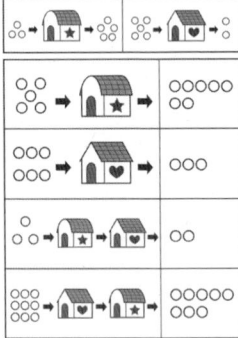

2 119쪽

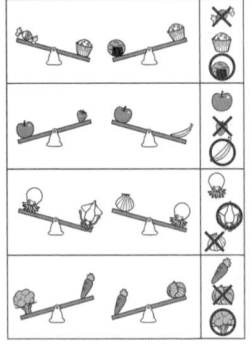

3 121쪽

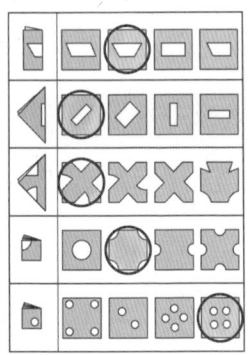

4 123쪽

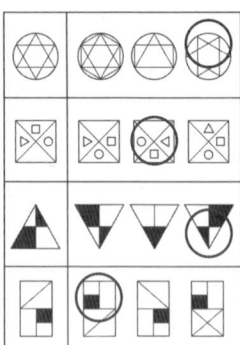

5 125쪽

Lesson

손과 몸을 균형 있게 단련하기

손놀림을 잘하면 뇌가 좋아져요
〈손놀림 훈련하기〉

젓가락질에서 가위질까지, 예전 같으면 생활 속에서 자연스럽게 몸에 익혔던 손기술들이 생활환경이 바뀜에 따라 점점 쇠퇴해가고 있습니다.

손과 손가락은 제2의 뇌라고 합니다. 손놀림이 좋은 아이는 머리가 좋다고도 합니다. 뇌가 급속도로 성장하는 이 시기에 손놀림을 활발하게 해서 뇌의 발달을 촉진시켜 주세요.

여기서 소개하는 동작은 다른 여러 기술의 기본이 되기도 하므로 매일 연습해서 꼭 숙달하도록 하세요. 다음 페이지에서 동작을 원활하게 할 수 있는지 여부를 체크해봅시다.

손가락 훈련 메뉴

- ☐ 젓가락질을 잘하나요?   p.136
- ☐ 콩을 집을 수 있나요?   p.137
- ☐ 병뚜껑을 열 수 있나요?   p.138
- ☐ 도시락을 보자기로 쌀 수 있나요?   p.140
- ☐ 맞매듭을 지을 수 있나요?   p.142
- ☐ 나비매듭을 지을 수 있나요?   p.144
- ☐ 단추를 채울 수 있나요?   p.146
- ☐ 수건을 짤 수 있나요?   p.148
- ☐ 가위질을 잘하나요?   p.150
- ☐ 종이접기를 잘하나요?   p.152

젓가락질을 잘하나요?

|체크 포인트|

젓가락 두 짝을 서로 엇갈려 잡거나 젓가락 잡는 위치가 너무 아래쪽이지 않나요?
엄지와 마주보는 나머지 네 손가락이 서로 균형을 이루게 가지런히 잡는 것도 중요합니다.

|젓가락을 바르게 잡는 법|

1. 젓가락을 엄지로 누른다.
2. 가운뎃손가락으로 위 젓가락을 받친다.
3. 약손가락으로 아래 젓가락을 받친다.

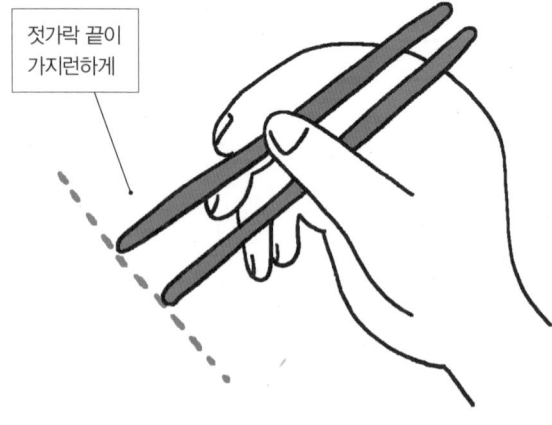

젓가락 끝이 가지런하게

| 젓가락을 바르게 사용하는 법 |

아래 젓가락을 고정시킨 채 위 젓가락만을 움직이는 것이 요령

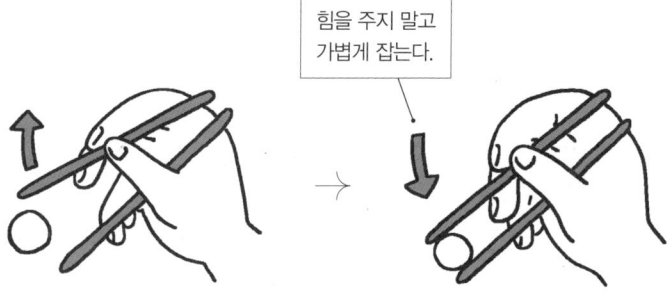

힘을 주지 말고 가볍게 잡는다.

◎ 젓가락으로 콩을 집을 수 있나요?

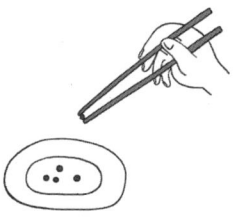

1. 젓가락으로 콩을 집는다.
2. 한 접시에서 다른 접시로 리드미컬하게 옮긴다.
※20개 옮기는 것을 목표로 연습한다.

병뚜껑을 열 수 있나요?

|체크 포인트|

왼손과 오른손의 힘 조절이 포인트.
뚜껑을 돌려서 여는 형식의 물병을 무리 없이 열 수 있도록 연습시키세요.

1 한 손으로 병을 고정한다.

2

다른 한 손을 병뚜껑
위에 올려놓는다.

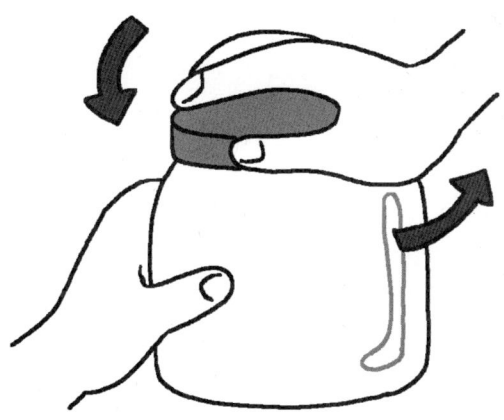

3

양손에 힘을 주어
뚜껑을 돌린다.

도시락을 보자기로 쌀 수 있나요?

|체크 포인트|

세로매듭이 되지 않도록 주의하세요.

얇은 냅킨이나 큰 손수건으로 연습시키세요.

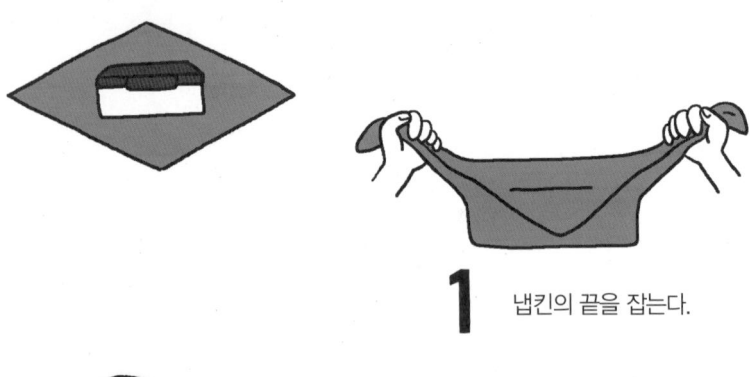

1 냅킨의 끝을 잡는다.

2 양 끝을 교차시킨다.

왼쪽과 오른쪽을 바꿔 잡는다.

3

손과 몸을 균형 있게 단련하기

4 한쪽을 위에서 아래로 집어넣는다.

5 양 끝을 잡아당긴다.

6 다시 한 번 교차시킨다.

7 한쪽을 집어넣는다.

8 좌우로 강하게 잡아당긴다.

맞매듭을 지을 수 있나요?

|체크 포인트|

처음에는 두꺼운 끈을 쓰는 것이 편리합니다.

세로매듭이 되지 않도록 주의하세요.

1 끈의 길이를 적절히 조정하여 잡는다.

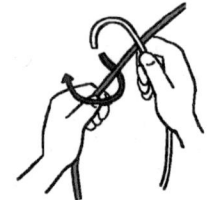

2 교차하여 통과시킨다.

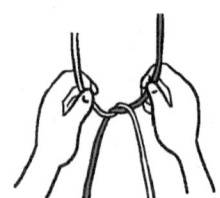

3 한 번 묶는다.

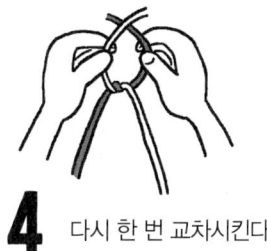

4 다시 한 번 교차시킨다.

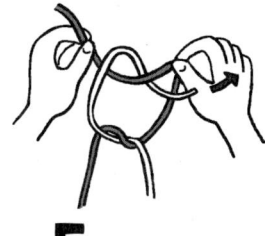

5 통과시킨다.

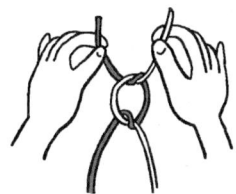

6 통과시킨 뒤 잡아당긴다.

7 좌우로 잡아당긴다.

\완성/

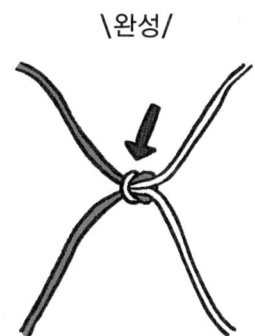

나비매듭을 지을 수 있나요?

| 체크 포인트 |

신발 끈이나 앞치마 끈을 매는 데 응용할 수 있습니다.

세로매듭이 되지 않도록 주의하세요.

뒤로도 묶을 수 있게 되면 더 좋습니다.

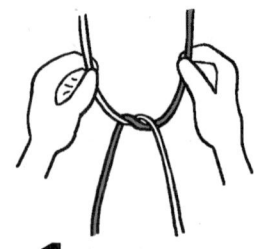

1 끈을 한 번 묶는다.

2 왼손으로 오른손의 끈을 쥔다.

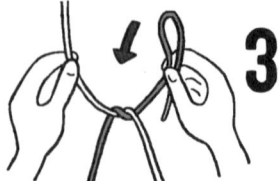

3 한쪽을 고리모양으로 만든다.

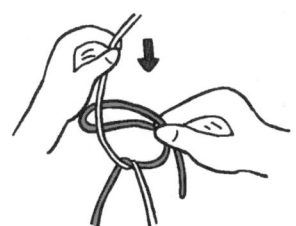

4 고리를 옆으로 뉘고 다른 쪽 끈을 겹친다.

5 겹친 끈으로 고리를 감는다.

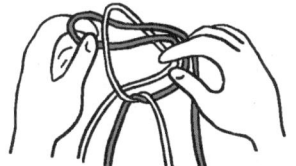

6 고리모양을 만들면서 오른쪽으로 잡아 뺀다.

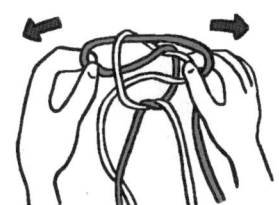

7 좌우의 고리 부분을 잡는다.

8 좌우로 잡아당긴다.

단추를 채울 수 있나요?

| 체크 포인트 |

처음에는 크기가 큰 단추부터 시작하세요.
단추를 구멍에 넣고 채우는 동작도 처음에는 번거롭지만 익숙해지면 간단합니다.

1 한 손으로 단추를 잡고 다른 한 손으로 단추 구멍을 크게 벌립니다.

2

단추를 구멍에 집어넣었으면 구멍 쪽에
있는 손으로 단추 윗부분을 잡습니다.

3

단추를 구멍에서 당겨
빼냅니다.

수건을 짤 수 있나요?

|체크 포인트|

세로로 짜는 방법이 비교적 힘을 조절하기 쉽습니다.

물을 주위에 흘리지 않도록 주의하세요.

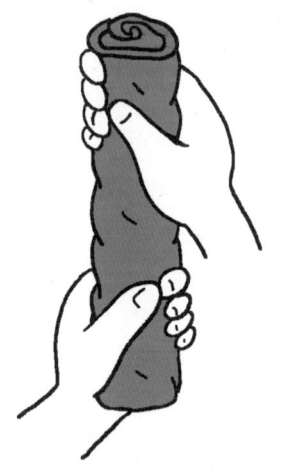

1 쥐는 손의 위아래는 어느 쪽 손이든 관계없습니다.

손과 몸을 균형 있게 단련하기

2

양손으로 수건을 쥐고 서로
반대방향으로 비틀면서 짭니다.

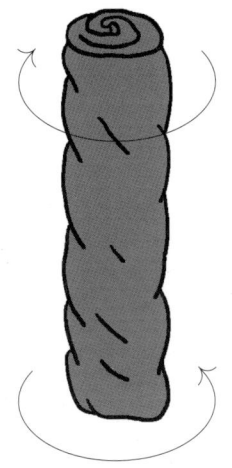

서서 짜면 주위로 물이 튀므로
앉아서 차분하게 짭니다.

가위질을 잘하나요?

|체크 포인트|

가위를 바르게 잡고 가위질을 자연스럽게 할 수 있도록 연습하세요.
곡선으로 자를 때 종이를 움직이는 방법도 마스터합시다.

|바르게 잡는 법|

엄지와 검지, 중지를 가위를 쥐는 부위에 각각 넣는다.
또는 엄지와 중지를 넣고 검지를 중지가 들어간
부위 위에 살짝 올려놓는다.

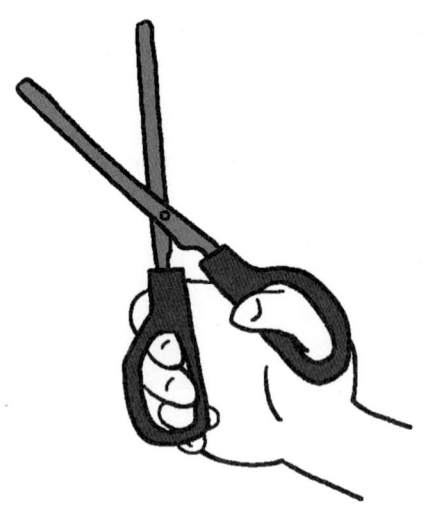

| 바르게 자르는 법 |

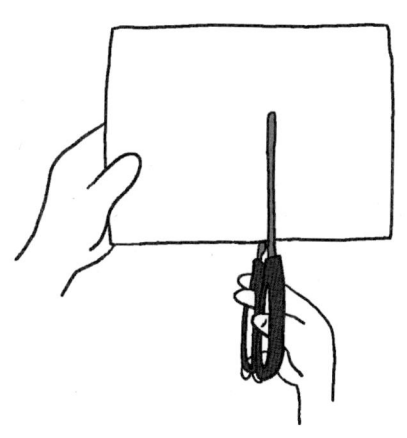

◎ 직선을 자를 때

가위를 종이와 수직이 되게 한 뒤,
가위 날을 크게 벌려 종이를 물고
두 날 끝이 완전히 맞물리지 않게
하면서 자른다.
이것을 여러 번 반복한다.

◎ 곡선을 자를 때

종이를 돌리면서 자르는 것이
요령이다.
종이는 시계방향으로, 가위는
그 반대방향으로 움직인다.
※오른손잡이의 경우

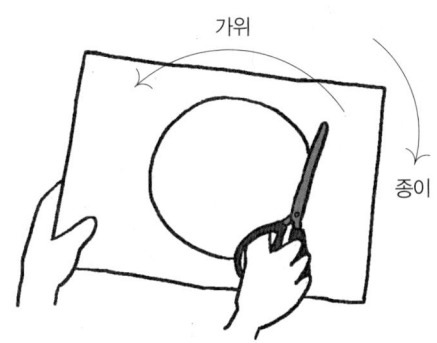

종이접기를 잘하나요?

|체크 포인트|

각을 잘 맞추고 각이 어긋나지 않도록 금을 내어 접어둡니다.
안정되고 평탄한 장소에서 하는 것이 중요합니다.

1

안정되고 평탄한 곳에 종이를 놓고
양손으로 접습니다.

 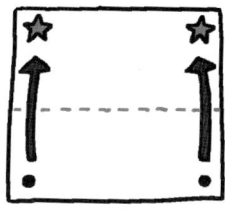

2 종이의 각을 정확하게 맞춰 접습니다.
●표와 ★표를 맞춥니다.

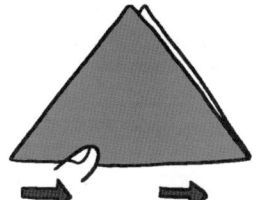 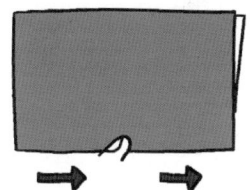

3 종이가 벌어지지 않도록 손가락으로
확실하게 다림질합니다.

리듬감, 민첩성, 지구력 기르기
〈신체 훈련하기〉

　옛날 같으면 바깥활동을 통해 자연스럽게 익혔을 기본적인 운동 능력도 요즘은 의도적으로 훈련하지 않으면 습득할 수 없게 되었습니다.
　외발 뛰기나 스킵 뛰기 같은 기본적인 운동을 비롯하여 네발로 걷기 같은 마루운동, 공 튀기기 같은 구기운동 등을 통해 전신을 균형 있게 단련시키세요.
　다리 힘과 팔 힘, 유연성, 리듬감, 지구력 외에 끝까지 해내고자 하는 의지력을 단련할 수 있습니다.
　자신의 몸을 컨트롤하면서 움직임으로써 집중력도 키울 수 있습니다. 가능하면 부모와 함께 훈련하는 것도 좋습니다.

신체 훈련 메뉴

☐ 외발로 서서 균형을 잡을 수 있나요?   p.156

☐ 외발 뛰기를 할 수 있나요?   p.158

☐ 두 발로 가위바위보를 할 수 있나요?   p.160

☐ 스킵 뛰기를 할 수 있나요?   p.162

☐ 네발로 걸을 수 있나요?   p.164

☐ 물개처럼 걸을 수 있나요?   p.166

☐ 거미처럼 걸을 수 있나요?   p.168

☐ 공을 튀길 수 있나요?   p.170

☐ 손뼉치고 공받기를 할 수 있나요?   p.172

☐ 제자리멀리뛰기를 할 수 있나요?   p.174

외발로 서서 균형을 잡을 수 있나요?

|체크 포인트|

'준비, 시작!' 하고 신호를 준 뒤 시작합니다.
눈은 정면 한 곳을 바라보게 하고, 1분간 동작을 유지하는 것을 목표로 합니다.
균형감각을 단련함과 동시에 균형감각이 바르게 발달하고 있는지 여부도 체크할 수 있습니다.
오른발잡이는 오른발, 왼발잡이는 왼발로 하는 것이 기본이지만, 좌우 양쪽으로 다 할 수 있도록 연습하게 하세요.

1 정면의 한 점을 똑바로 응시하면서 한 발을 들고 섭니다.

2 그 상태를 1분간 유지합니다. 좌우를 바꿔 같은 방법으로 실시합니다.

외발 뛰기를 할 수 있나요?

|체크 포인트|

외발로 서서 리드미컬하게 뛰어가는 동작입니다.
다리 힘과 균형감각을 길러줍니다.
보폭을 너무 크게 하지 말고 일정한 리듬에 맞춰 뛰는 것이 중요합니다.
시작 신호를 주고, 한쪽 발을 마치면 다른 쪽 발도 연습합니다.

1 시작 신호와 함께 외발로 걷기를 시작합니다.

두 발로 가위바위보를 할 수 있나요?

|체크 포인트|

다리를 벌렸다 오므렸다 하며 앞으로 가는 동작입니다.

일정한 리듬에 맞춰 실시합니다.

'준비, 시작!' 하는 신호와 함께 시작합니다.

1 시작 신호와 함께 한 발로 섭니다. (가위)

2 양발에 힘을 주며 어깨너비 정도로 벌립니다. (보)

3 무릎을 살짝 구부리고 두 발을 서로 붙입니다. (바위)

4 다시 양발을 어깨너비로 벌립니다.

※ 1~4를 리드미컬하게 반복한다.

스킵 뛰기를 할 수 있나요?

| 체크 포인트 |

투스텝 리듬에 맞춰 다리를 확실하게 올리며 전진합니다.
무릎을 가슴부위까지 높이 올리고 뛰어야 역동적인 스킵 뛰기가 됩니다.
'준비, 시작!' 하는 신호와 함께 시작합니다.

1 시작 신호와 함께 출발합니다.

2 한쪽 무릎을 가능한 한 가슴 근처까지 높이 들고 뜁니다.

다리를 높이 들어올린다.

손과 몸을 균형 있게 단련하기

4 좌우로 번갈아가며 리듬감 있게 뛴다.

가능한 한 높게

리드미컬하게

3 팔을 크게 휘두르며 뛰어오른다.

네발로 걸을 수 있나요?

|체크 포인트|

양손과 양다리를 써서 네발 달린 곰처럼 이동하는 운동입니다.
다리 힘과 팔 힘 외에 몸 전체에 균형이 잡혀 있지 않으면 하기 어려운 운동이기도 합니다.
팔다리를 동시에 움직여 재빨리 전진하는 것이 포인트입니다.
무릎을 살짝 구부리고 허리를 높이 든 자세로 실시합니다.

1 시작 신호와 함께 네발로 기는 자세로 출발합니다.

2 팔다리를 동시에 움직여 전진합니다.

3 익숙해지면 조금씩 속도를 높입니다.

물개처럼 걸을 수 있나요?

|체크 포인트|

상반신을 양팔로 지탱하고 팔 힘으로만 전진하는 운동입니다.
전진할 때는 가능한 한 손을 앞쪽에 짚는 것이 포인트입니다.
이동거리를 차츰 늘리는 것도 좋습니다.
물개처럼 양발을 끌면서 앞으로 나가게 됩니다.

1 마루에 엎드린 자세에서 상반신을 일으킵니다. 시작 신호와 함께 출발합니다.

2 팔꿈치에 힘을 주어 상반신을 지탱하고 가능한 한 앞쪽을 손으로 짚으면서 나아갑니다.

손은 가능한 한 앞에 짚는다.

손을 당겨 몸 쪽으로 붙인다.

팔꿈치를 확실하게 펴면서

3 왼손, 오른손을 번갈아 앞으로 뻗으며 전진한다.

거미처럼 걸을 수 있나요?

| 체크 포인트 |

하늘을 보는 자세로 팔다리를 움직여 거미처럼 이동하는 운동입니다. 팔꿈치를 쭉 펴고 엉덩이가 밑으로 내려가지 않도록 주의하면서 실시합니다.

가능한 한 일직선으로 갈 수 있도록 노력합니다.

1 하늘을 보는 자세에서 양팔과 양다리로 몸을 들어 올립니다. 시작 신호와 함께 출발합니다.

손과 몸을 균형 있게 단련하기

2 양쪽 팔다리를 번갈아 내며 나아갑니다.

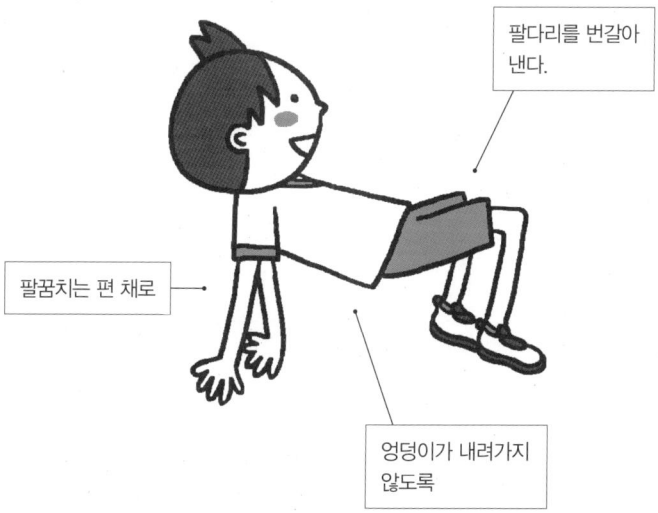

팔다리를 번갈아 낸다.

팔꿈치는 편 채로

엉덩이가 내려가지 않도록

공을 튀길 수 있나요?

| 체크 포인트 |

공을 연속해서 튀기는 운동입니다.

상반신과 무릎의 유연성을 이용해서 공을 컨트롤하는 것이 포인트입니다.

집중해서 하면 50회~100회까지 계속할 수 있게 됩니다.

익숙해지면 공을 튀기면서 이동하는 연습을 합니다.

피구용 공을 씁니다.

1 몸을 곧게 펴고 팔 전체를 밑으로 누르듯이 하며 공을 튀깁니다.

팔 전체로 공을 누르듯이

손과 몸을 균형 있게 단련하기

2 가능한 한 공을 튀기는 횟수를 많이 하도록 연습합니다.

공이 원래 높이까지 돌아오도록

두드리지 말고 누르듯이

양 무릎을 살짝 구부리고

손뼉치고 공받기를 할 수 있나요?

| 체크 포인트 |

공을 머리 위로 던지고 손뼉을 친 뒤 내려오는 공을 잡는 운동입니다.
공을 머리 위로 던졌으면 재빨리 손뼉을 치고 공을 잡습니다.
연결동작이 자연스럽고 빠르게 이어질 수 있도록 연습합니다.
익숙해지면 손뼉을 치는 횟수를 늘립니다.

1 양손으로 공을 머리 위로 던집니다.

2 공을 잡기 전에 손뼉을 칩니다.

재빨리

3 공을 잡습니다.

※ 익숙해지면 손뼉치는 횟수를 늘린다.

제자리멀리뛰기를 할 수 있나요?

|**체크 포인트**|

양팔을 크게 휘두르면서 서 있는 자리에서 앞으로 힘껏 점프하는 운동입니다.

양팔을 크게 휘두르면서 무릎을 굽히고 발목 힘을 이용하여 힘껏 뛰어오릅니다.

양발을 모아 착지합니다.

연습은 공원 모래밭이나 매트 위에서 합니다.

손과 몸을 균형 있게 단련하기

1 정지선에 서서 팔을 크게 들어올린다.
2 팔을 아래로 내리면서 무릎을 굽힌다.
3 발을 힘껏 내딛으며 뛰어오른다.
4 크게 점프한다.
5 양 무릎을 끌어올리고 다리를 가능한 한 앞쪽으로 뻗는다.
6 양발로 착지한다.

Lesson

5

스스로 생각하는 아이로 키우기

대담
오토다케 히로타다 vs 이이다 미치오
乙武洋匡　　　飯田道郎

오토다케 히로타다 乙武洋匡

1976년 도쿄도 출생. 베스트셀러 「오체불만족」 저자. 대학 졸업 후 스포츠작가, 스기나미구립 스기나미 제4초등학교 교사 등을 거쳐 2013년 도쿄도 교육위원을 지냈다. 2014년 자원봉사단체 '그린버드신주쿠'를 설립하여 지역 활성화에 힘쓰는 한편, 보육원을 운영하는 등 활발한 사회활동을 하고 있다. 「오토다케의 인생 문답」, 「오체는 불만족, 인생은 대만족」, 「괜찮아, 3반」 등의 저서가 다수 있다. 2남 1녀의 아이의 아버지이다.

불확실한 사회를 살아가는 힘 기르기

남자아이의 있는 그대로를 받아들이세요

이이다 오토다케 씨는 두 아들의 아빠시죠?

오토다케 네, 큰애가 만 7살, 둘째가 4살입니다. 성격 차이는 있지만, 두 녀석 다 다른 사람의 말 거의 안 듣고 가만히 있지 못하고요. 넓지도 않은 집안을 뛰어다니면서 이것저것 뒤치다꺼리 하게 만듭니다. (웃음) 하지만 남자아이는 기본적으로 그런 게 아닌가 생각합니다.

이이다 맞습니다. 부인은 어떠신가요?

오토다케 자매가 둘인 집안에서 자란 아내로서는 '왜 저런 짓을 하는 거지?', '몇 번을 얘기했는데 왜 알아듣지 못할까?' 하면서 의아해하기도 하고 화를 내기도 합니다. 남자아이는 이해가 안 된다고요. 그럴 때는 제가 다독이는 역할을 합니다. 만일 여자애였다면 어땠을까요?

이이다 보통은 여자아이들이 남의 기분이나 분위기에 민감하기 때문에 이렇게 하면 엄마가 기뻐하고 저렇게 하면 혼날 거라는 것을 미리 알고 움직입니다. 하지만 남자아이들에게는 그런 생각 자체가 없습니다. 여자아이는 분위기를 읽고, 남자아이는 분위기를 읽어줘야 한다고 할까요? (웃음)

오토다케 그런 것 같습니다. (웃음)

이이다 아마 여자아이는 엄마를 자신의 롤 모델로 삼고 있기 때문일지도 모릅니다. 반면에 남자아이에게 엄마는 응석 부릴 대상이고 의지할 언덕입니다. 마음의 고향 같은 느낌이라고 할까요?

오토다케 생명유지 장치죠.

이이다 맞아요. 그래서 남자아이는 엄마 앞에서 특히 어립니다. 제 직업상 어머니들로부터 '저희 애 이대로 괜찮을까요?' 하는 질문을 자주 받습니다. '사립 초등학교 입시 합격'이라는 명확한 목표와 기한이 있기 때문인지 똘똘한 여자

오토다케	아이와 비교하며 지나치게 초조해하는 경향이 있습니다. '(입시) 기한이 있기 때문에 초조해한다'는 말에 전적으로 동감합니다. 저희 아이도 식사 중에 일어나서 돌아다니는 시기가 있었는데, 아내가 그때마다 일일이 혼내고 주의 주느라 식사시간이 엉망이 되어버리는 시기가 한때 있었습니다. (웃음) 그때 아내에게 "식사 중에 서서 돌아다니는 어른은 없어. 내가 담임을 맡았던(주 : 오토다케 씨는 2007년부터 3년 동안 도쿄 스기나미구에서 초등학교 교사를 지냈다.) 3~4학년 반에도 급식시간에 서서 돌아다니는 아이는 한 명도 없었고, 1~2학년에 몇 명 있을 정도야. 아직 유치원생이니까 너무 혼낼 필요 없지 않을까?" 하고 말했죠. 유치원에서는 잘 앉아서 먹는다고 하니 집에서는 좀 봐줘도 되지 않을까 하고요.
이이다	그 정도로 관대한 아빠라면 엄마와 아이한테 도움이 될 겁니다. 초등학교 입시라는 관점에서 보면 학교 측에서도 남자아이에게는 완성된 모습을 원하지 않습니다. 남자아이는 여자아이를 따라할 필요가 없습니다. 남자아이

본래의 모습으로 초등학교 입시를 통과하는 것도 충분히 가능합니다. 물론 초조해하는 엄마의 심정도 충분히 이해합니다. 엄마의 초조한 마음은 아빠가 이해하고 받아 주어야 합니다. 엄마가 아이를 꾸짖는 자리에서 아빠가 아이의 편을 드는 경우가 종종 있는데, 이것은 엄마를 궁지에 몰아넣는 행동입니다. 설령 아빠의 말이 맞다 하더라도 그 자리에서 그렇게 말하는 건 옳지 않습니다.

부부가 머리를 맞대고 자녀교육관을 공유하세요

오토다케 저희 집에서도 그 점에 주의하고 있습니다. 저는 바깥일로 집에 없는 경우가 많고, 아이와 함께 하는 시간은 엄마 쪽이 압도적으로 많습니다. 하지만 아이들에 대한 엄마의 대응은 저희 부부 공동의 생각에 기반을 둔 것입니다. 아이들 옆에 있는 시간이 많은 엄마가 그 생각을 실행에 옮기는 방식이죠.

이이다   부부 간의 연대가 잘 이루어지고 있군요.

오토다케   저희 집에서는 제가 귀가하면 아내가 그날 어떤 일이 있었고 그에 대해 아내가 어떻게 대응했는지를 말해주고 제 견해를 묻습니다. 그러면 '괜찮지 않아?', '이렇게 말하는 편이 나을지 몰라.' 하고 서로의 생각을 교환합니다. 이것이 일과처럼 되어 있습니다.

이이다   초등학교 취학 전 아이를 둔 아빠들은 대부분 인생에서 가장 바쁜 시기를 보내고 있습니다. 가정교육이나 공부, 학교행사 등은 전부 엄마 몫입니다. 저희 아이는 지금 초등학교 6학년인데, 아이들을 가르치는 저도 아이가 어렸을 때는 바쁘다는 핑계로 아이 일을 전부 아내에게 미뤘습니다.

오토다케   그랬군요. (웃음)

이이다   네. 최근 들어 학교활동에 깊숙이 관여하게 되면서 이것저것 많이 알게 됐고 아들과의 관계도 조금 달라졌습니다. 학부모회(PTA)에서 학교행사를 자원봉사 형태로 돕고 있는데, 아들은 아빠가 학교행사에 얼굴을 내미는 것이 그리 싫지는 않은 모양입니다. 그리고 한번 해보니 아빠의 관여가 중요하다는 것을 실감하게 됐습니다.

오토다케   그 마음 저도 잘 알 것 같습니다.

의욕의 원천은 자긍심

이이다   오늘 오토다케 씨에게 하나 여쭤보고 싶은 게 있는데, 어떻게 하면 '자긍심'을 키울 수 있을까에 관한 것입니다. 이 책의 핵심이랄까 주제로 되어 있는 것이 '남자아이의 의욕을 어떻게 끄집어낼 것인가'입니다. 곤란에 처하거나 실패에 부딪혀도 포기하지 않고 다시 도전하는 용기가 있으려면 그 전제가 되는 것이 '자긍심'이라고 생각합니다. 아이가 '씩씩하게 앞으로 나아가는 인생을 살았으면' 하는 것이 모든 부모의 마음일 겁니다. 그렇게 되기 위해 부모가 해야 할 첫 번째 일은 '내 아이의 존재를 있는 그대로 인정하는 것'이 아닐까요? 오토다케 씨의 저서를 보면 부모님께서 그런 방식으로 양육하신 것 같습니다.

오토다케 네. 제가 손발이 없는 상태로 태어났지만 부모님께서는 저를 정성을 다해 키워주셨습니다. 저는 할 수 없는 것 투성이였지만 그게 '나'고 그걸로 충분하다고 생각했습니다. 돌이켜보면 어릴 때부터 그렇게 지내온 것이 쌓여서 제 안의 자긍심으로 이어진 것이라고 생각합니다.

이이다 어떨 때 그런 느낌을 받으셨나요?

오토다케 하루 종일, 24시간 내내 느꼈죠. 아버지는 말과 태도로 저를 좋아하고 사랑한다는 감정을 아낌없이 베풀어주신 분입니다. 「오체불만족」이라는 책 덕분에 독자들이 제 어머니의 육아방식에 많은 관심을 보여주셨는데, 사실 자긍심을 키운다는 측면에서는 아버지의 역할이 더 컸다고 생각합니다. 장남이 태어났을 때, 제 아버지 같은 아빠가 되자 하고 결심하기도 했죠. 그래서 기회 있을 때마다 짧은 팔로라도 아이를 안아주고 볼을 부비고 하면서 애정

	을 전달하려고 노력합니다.
이이다	그렇군요. 훌륭합니다. 저희 교실에 오는 아이들을 보더라도 엄마뿐 아니라 아빠의 보살핌까지 받는 아이는 '의욕스위치'가 더 쉽게 작동하는 것 같습니다. 아이는 부모의 마음을 민감하게 감지합니다. 아빠가 엄마의 뒷받침을 제대로 한다면 물리적으로 함께 있는 시간이 짧더라도 아이는 엄마를 통해 아빠의 존재를 느낍니다.
오토다케	우선은 '의욕스위치'가 어디에 붙어 있는지부터 찾아봐야겠네요. (웃음)

의욕스위치가 없는 아이는 없어요

이이다   네. 어른들이 할 수 있는 건 아이 스스로 스위치를 켜기 쉬운 환경을 만들어 주는 것, 스스로 스위치를 켜고 싶어지는 계기를 마련해주는 것이죠. 제가 이 일을 시작한 지

	30년이 됩니다만, 의욕스위치를 가지고 있지 않은 아이는 아직까지 거의 없었습니다.
오토다케	오히려 의욕이 넘치는 게 아이들이죠.
이이다	그렇습니다. 초등학교 입시를 준비할 때도 아이의 흥미를 찾아 칭찬해주고 격려해가며 의욕을 자극하면 입시공부를 통해서도 스위치가 잘 켜지는 아이로 키울 수 있습니다. 하지만 자칫 잘못하면 하고 싶지 않은 것을 엄마한테 혼나가며 억지로 하는 꼴이 됩니다. 사랑하는 엄마한테 혼나는 상황에서 아이의 의욕스위치가 켜질 리 없습니다.
오토다케	어려운 건 아이의 스위치가 어떤 자극에 반응하고 어느 지점에서 켜지는지를 부모는 물론이고 아이 본인도 모른다는 것이 아닐까요? 부모 입장에서는 선택지를 여러 개 주면 될지 모른다는 생각에 아이들에게 이것저것 가르쳐보기도 합니다. 계속 배우기를 바라는 마음보다는 하고 싶으면 계속하고 싫으면 그만둬도 된다는 정도로요. 둘째 아이가 연습을 소홀히 하면 '연습해라'가 아니라 '연습

하지 않을 거면 배우는 것도 그만둬. 계속 배우고 싶으면 제대로 연습하거나. 네가 선택해.' 하고 말합니다. 아직 어리지만 나름 알아듣는 게 있는지 제 입으로 그만두고 싶지 않다고 말한 것은 열심히 연습하고 있습니다.

이이다 그게 바로 유아기에 필요한 겁니다. 취미교실을 포함해서 체험의 폭을 넓혀두면 그것이 나중에 성장의 기반이 된다고 생각합니다. 유아는 경험을 해본 뒤라야 자신의 흥미를 알게 되니까요. 다양한 경험의 '장'은 아이의 가능성을 넓혀줍니다. 게다가 자신이 좋아하는 것이라면 몇 번을 실패해도 다시 도전해서 결국에는 성공할 것입니다. '열심히 했더니 좋아지고 결과가 나왔다.' 조금 전에 나온 '자긍심'하고도 연결되지만 이와 같은 체험이 삶의 원동력이 되는 게 아닐까요?

외발 뛰기도 못하는데 지구를 지킬 수 있을까?

오토다케   흥미를 갖게 하는 것의 중요성은 초등학교 3학년 담임을 할 때 절실히 느꼈습니다. 공부를 못해서 모든 과목에서 100점 만점에 30점밖에 못 받는 아이가 있었는데, 이 아이는 자기가 좋아하는 애니메이션에 나오는 등장인물의 이름과 특징을 100가지 이상 줄줄 외웁니다. 즉 기억하는 능력이 부족한 게 아니라 학습내용에 흥미가 없는 겁니다. 아니, 그보다는 주위 어른들이 이 아이가 흥미를 갖도록 하는 데 실패했다고 보는 게 낫겠네요. 이 아이의 경우가 제게는 큰 교훈이 됐습니다.

이이다   남자아이들은 흥미를 느끼면 무섭게 달려듭니다. 절대적이죠. 반면에 흥미를 못 느끼면 움직이지 않습니다. 여자아이들보다 그 격차가 심합니다. 그래서 유아반에서 남자아이들을 받으려면 애니메이션 같은 어린이 프로그램을 최신의 것으로 확보해둘 필요가 있습니다. 교실에 온 남자아이들에게 '커서 뭐가 되고 싶니?' 하고 물으면 거의 대부분 애니메이션 주인공 이름을 댑니다. 운동연습을 게을리하는 아이에게는 '그래? 지구를 지키고 싶구나?' — '네.' — '그럼 외발 뛰기 해볼래?' — '어? 못한다고? 외발 뛰기도 못하는 남자가 지구를 지킬 수 있을까?' 하는 식으로 말을 겁니다. 이런 말 한마디에 남자아이들은 즉각 반응합니다.

아이 성격에 맞춘 마법의 규칙

오토다케 의욕을 끄집어내는 거군요. 그런 의미에서 저의 어머니는 공부를 그다지 좋아하지 않았던 제 성격에 맞게 규칙을 정해서 저를 책상 앞에 앉히는 데 성공했습니다.
이이다 그게 어떤 거죠?
오토다케 하루 동안 공부한 시간과 책을 읽은 시간의 합계가 TV를 본 시간과 게임을 한 시간의 합계와 같아야 한다는 규칙입니다. TV 본 시간과 게임을 한 시간이 합해서 90분이면 90분 동안 공부와 독서를 해야 합니다. '저축'과 '대출'도 가능했기 때문에 오늘 독서를 1시간 더 하면 내일은 그만큼 게임을 더 할 수 있습니다. 게임 같은 느낌이라서 제게는 딱 맞는 규칙이었죠.

이이다 그러고 보니 저의 아버지도 자식의 흥미를 잘 끌어내주신 것 같아요. 제가 초등학교 고학년이 돼서 용돈제도를 도입하게 됐을 때 아버지께서 '책은 용돈과 별개로 마음대로 사도 된다. 단 내가 인정하는 책에 한해서다.'라는 규칙을 정하셨죠. 어떤 책이 아버지의 기준을 통과할 수 있을까 고민도 하고 시행착오도 거치면서 차츰 다양한 책을 찾게 됐고 한동안은 책 속에 묻혀 지내기도 했습니다. 조금은 멋을 아는 분이어서 진지한 내용의 책뿐만 아니라 나가시마 시게오 長嶋茂雄(전 일본 프로야구 선수, 감독) 관련 책이며 잡학퀴즈 책이며 일부 성인용 책까지 대부분 허락해주셨습니다. 흥미가 있는 것을 닥치는 대로 읽은 셈이죠.

오토다케 훌륭한 방침이네요.

이이다 제 고향은 후쿠이 福井입니다. 고등학생 때 '꼭 읽고 싶은 책이 있는데 후쿠이 책방에는 없으니 가나자와 金澤까지 가서 사오고 싶다.'고 아버지께 부탁했더니 다녀오라며 여비까지 주셨죠. 여기에 맛 들여서, 후쿠이 책방에서는 구입할 수 없는 유명한 외국소설 원서라든지 고등학생용이라고 보기 어려운 하드커버로 된 전문서적 같은 걸 찾아내서는 '꼭 읽어보고 싶다.'고 졸라서 가나자와에 있는 대형서점까지 꽤나 드나든 기억이 있습니다. 당연히 다 읽지는 못했는데, 그 점도 아버지는 다 알고 계셨을 겁니다. 덕분에 국어 성적만큼은 뛰어났어요. 이 무렵의 독서가 지금의 '나'라는 인간을 형성하는 토대가 됐다고 생각해요. 아버지가 파놓은 함정에 빠진 셈이지만, 그래도 감사할 뿐입니다.

오토다케 이이다 씨의 부모님과 저의 부모님 모두 자식의 의욕스위치가 어디에 있는지 확실히 알고 있었던 거군요.

남들과 달라서 받는 상처도 경험할 필요가 있어요

이이다   어른이 돼서 돌이켜보면 그게 다 부모의 마음이라는 것을 알게 됩니다. 오토다케 씨는 자녀교육을 하는 아버지로서 어느 부분을 중시하시나요?

오토다케   자기 머리로 생각하는 습관을 들이는 것입니다. 예를 들어 된장국을 먹을 때 네댓 살짜리 남자아이들은 대개 한 손으로 들고 먹다가 국물을 흘립니다. (역주 : 일본에서는 국을 먹을 때 보통 국그릇을 들고 젓가락으로 저어 마신다.) 저희 애가 그런데, 처음에는 국물을 흘려도 아무 말 하지 않고 아내가 닦아줍니다. 다음날에도 아무 말 없이 닦아줍니다. 3일째가 되니 5살짜리 나름대로 생각합니다. 결국 '어떻게 해야 흘리지 않지? 아, 한쪽 손이 비어 있으니까 그 손까지 더해서 두 손으로 들고 먹어보자. 두 손으로 들었더니 괜찮네.' 하는 식으로 깨닫게 됩니다. 이 경험은 다른 경우에도 적용되리라고 생각합니다. 부모 입장에서는 "위험하니까 두 손으로 들고 먹어라." 하고 미리 알려줘서 국물을 흘리게 하지 않는 편이 나을지도 모릅니다. 하지만 답을 미리 알려주면 스스로 생각하는 힘이 생기지 않습니다.

이이다 동감합니다. 특히 요즈음 부모들은 일이 생기기 전에 미리 방어막을 쳐서 아이를 보호하려고 합니다. 결과적으로 아이 스스로 생각하는 힘을 빼앗아버리는 거죠.

오토다케 학교교육에서도 같은 걸 느낍니다. 발렌타인데이 전날에 '절대로 초콜릿을 가져오지 말도록 아이들을 엄격하게 지도해주세요.' 하는 말을 듣고 저도 모르게 '왜죠?' 하고 물은 적이 있습니다. 과자는 원래 학교에 가지고 오지 못하게 돼 있습니다. 하지만 제가 어렸을 때는 이날만큼은 봐주는 경향이 있었죠.

이이다 가져오면 안 된다는 게 규칙이기 때문인가요?

오토다케 아뇨. 못 받는 아이들이 상처 받는다고 해서요. 제 지론입니다만, 어른이 악의로 아이에게 상처를 주는 것은 절대 안 되지만 아이가 생활 속에서 다른 아이와 다르다는 것을 알고 상처를 받는 것까지 미리 방지할 필요는 없다고 생각합니다. 초등학교 남자아이들 사이에서 인기 있는 아이라는 게 기껏해야 얼굴이 잘 생겼거나 축구를 잘하는 아이 정도입니다. 발렌타인데이는 그 인기를 판정하는 날입니다. 자신이 인기가 없다는 것을 안다는 것은 '축구는 못해도 수학은 잘하니까 여자애들을 가르쳐줘야지.'라거나 '재미있는 이야기로 웃기는 건 자신 있어.' 하는 식으로 자신의 강점을 적극적으로 찾아내는 계기가 될 수 있습니다. 이런 게 앞으로 살아가는 데 소중한 체험이 되지 않을까요? 모두가 같다는 건 거짓말입니다.

이이다 남자한테 인기는 중요하죠. (웃음)

오토다케 그렇죠. 사회에 나가서 열심히 일하는 것도 '여자한테 인기를 얻고 싶은 마음'이 큰 동기로 작용하기도 합니다. 스무 살 넘은 나이에 '나 인기 없는 남자인가 봐.' 하고 깨닫는 것은 솔직히 너무 늦지 않나요? 남들과의 차이를 알아야 합니다. '이 점은 내가 부족하지만 이 부분은 결코 남들한테 뒤지지 않아.' 하는 식으로 자신의 현재 모습을 아는 겁니다. 그렇게 해서 잘하는 건 잘하는 대로 모자란 건 모자란 대로 보충해나가다 보면 자연스럽게 자신의 모습이 완성되는 거죠. 이게 참교육이 아닐까요?

다양한 가치관에 접하게 하세요

이이다 말씀하신 대로입니다. 저희 창업자인 오오호리 大堀 씨는 자신의 저서에서 '약점을 인식하지 못하면 발전하지 못한다.'고 말했습니다. 이 말은 보호자의 간섭과 과보호로 아이가 스스로 생각하는 기회를 빼앗기고 있다고 지적하는 것일 수도 있습니다. 오토다케 씨의 말을 듣고 있자니 생각났습니다.

오토다케 생각이라는 걸 하게 하려고 아이에게 곤란한 질문을 자주 합니다. '학교에 지각해도 되니?' — '안 돼요!' '곤경에 처한 사람을 보면 어떻게 하니?' — '도와줘요!' '그럼 학교에 가다가 어려움에 처한 사람을 보면 어떻게 할 거니? 도와주다보면 학교에 지각할 텐데. 어때?' — '글쎄요 …….' 아이의 대답은 어느 쪽이든 상관없습니다. 상반된 가치관 A와 가치관 B 사이에서 나름대로 사고력을 발휘해서 자신의 대답을 이끌어내는 습관을 들이는 것이 중요하다고 생각합니다.

이이다   질문 자체가 좋은 자극이 되는 거군요. 예전 같으면 아버지는 아이에게 일하고 있는 모습을 보여주는 것만으로 충분했는데, 핵가족화가 진행되고 동네에서 놀 수 있는 환경이 사라진 지금은 상황이 완전히 달라졌어요. 주위에 같이 놀아줄 사람이 없는데 아빠마저 일에만 매달려 있으면 아이에게는 엄마가 전부가 됩니다. 이렇게 되면 엄마의 부담이 너무 커지고, 그런 상황은 아이에게도 결코 좋지 않습니다. 오토다케 씨가 관여하는 방식은 매우 훌륭하다고 생각합니다.

오토다케   '10살까지의 육아법'이 주제인데, 아들은 아직 어려서 솔직히 저희 부부도 모르는 게 많습니다. 지금은 장차 자립해서 살아가기 위한 기반을 다지는 시기이고 물론 천천히 성장해가길 바라지만 저희 부부가 해온 것이 생각한 대로 연결될지 어떨지 저도 아직 잘 모르겠습니다. 단지 부모가 아이에게 지금처럼 밀도 있게 관여하는 시기가 생각보다 길지 않을 것이기 때문에 그 시간만큼은 소중히 하고 싶습니다. 저희 집에서 나름대로 정한 육아 기한은 의무교육이 끝나는 16살까지입니다. 그때까지 스스로 생각하고 행동할 줄 아는 아이가 되도록 가르치고 그 이후에는 독립해서 살든 부모와 함께 살든 아이에게 맡길 생각입니다.

이이다 그렇군요. 그런 생각 덕분에 부모와 자식 간의 거리가 적절히 유지되는 거군요. 오늘 말씀 감사합니다.

Lesson

6

다음 세대의 주역을 키운다

— 신가카이 교실에서

아이들은 다양한 것을 배우면서 자라요

사라져가는 아이들의 '생존력'

아이들을 둘러싼 환경이 급변하고 있습니다.

제일 먼저 핵가족화가 진행되어 가족구성 단위가 작아짐으로써 아이들이 평소에 다양한 연령층의 사람들과 접촉할 수 있는 기회가 크게 줄었습니다.

다음으로 일상생활과 관련된 다양한 기술이 보급되어 불편함을 느끼지 않고 생활하는 것이 당연하게 여겨지고 있습니다.

또 두뇌만을 자극하는 디지털게임이 아이들로부터 감성과 체력을 기를 기회를 빼앗고 있습니다.

나아가 자연환경이 파괴되어 계절감각을 느끼기 어려워졌고 살아있는 생물로서 당연히 느껴야 할 자연의 변화에 대한 감각이 무뎌졌습니다.

다음 세대의 주역을 키운다 - 신가카이 교실에서

이와 같은 상황에서 현대의 아이들은 여러 가지 능력을 잃고 있습니다. 타인과의 교류가 적어진 탓에 의사소통 능력을 키우기 어려워졌고 편리한 생활환경 탓에 건전한 자립심과 생활력, 나이에 맞는 운동능력과 체력을 기르기가 점점 어려워지고 있습니다. 표현력과 상상력 같은 정서적인 측면에서도 아이들이 감성을 펼치기 어려워지고 있다는 점이 지적되고 있습니다.

그리고 최근 사회문제가 되고 있는 '초등학교 1학년 문제(역주 : 일본의 초등학교 1학년 교실에서 아이들이 수업에 집중하지 못하고 시끄럽게 떠들거나 뛰어다니는 등의 문제)'는 이와 같은 유아기에서 학령기로 이행하는 시기에 발생하는 현상이라고 생각합니다.

교실에서 가만히 앉아 선생님 말씀을 듣지 못하고 서서 돌아다니거나 책상에 걸터앉아 떠들고 다투는 등 학급 운영을 제대로 할 수 없는 경우입니다. 저희들은 이것을 유치원 시절에 적절한 조치나 대응을 거치지 않고 초등학교에 입학한 결과라고 생각합니다.

체험은 모든 것의 기본

저희 신가카이연구소의 교육은 현대사회에서 경험하기 어려운 집단행동의 즐거움을 알고 자신의 나이에 어울리는 자립심을 키우는 일종의 체험 프로그램입니다. 유아가 초등학교 환경에 적응하기 위한 준비단계이기도 합니다.

저희 연구소는 초등학교 입시에 대응하는 부분도 있지만, **기본이념은 미래 사회를 짊어질 인재를 육성하는 것입니다.**
학교 역시 시험성적만 좋은 학생을 원하지 않습니다.
아이로서 인간으로서 미래에 성장 가능성이 있는 재미있는 아이, 호기심 많은 아이를 원합니다.
저희 연구소에서 바라는 아이들의 모습이 결국은 학교가 원하는 아이들의 모습과도 일치하는 것입니다.
'급변하는 환경 속에서 새롭게 자라나는 세대가 자신들만의 뚜렷한 개성을 갖고 건강하게 성장하기 위해서는 무엇이 필요할까?'라는 문제의식을 갖고 양성해온 교육활동의 요점을 간단히 소개하겠습니다.

① 적극적인 창작활동을 통해 생각하는 힘과 표현하는 힘을 기른다.
② 그림책 읽어주기 활동을 기반으로 하여 상상력과 풍부한 감성을 기른다.
③ 야외학습과 과외활동, 계절별 합숙활동을 통해 자주성을 기른다.
④ 자유놀이와 과제놀이를 균형 있게 편성하여 혼자 놀기에서 집단 놀기로 자연스럽게 이행되도록 한다. 행동을 관찰하여 의사소통 능력의 발달을 지향한다.
⑤ 운동에 경쟁을 도입하여 체력과 정신력의 향상을 꾀한다.

스스로 노력함과 동시에 남과 협력하고 조화를 이루어가는 것의 즐거움을 아는 아이는 다양한 능력을 키워나갈 수 있습니다.

그러한 능력을 위해 저희 연구소는 다양한 체험을 통해 배우고 깨달을 수 있는 교육을 진행하고 있습니다.

행동을 관찰하면 능력이 보여요

팀플레이가 가능한가?

　최근의 초등학교 입시에서 점점 더 중요해지는 것이 바로 행동관찰입니다. 행동관찰이란 친구들과의 의사소통을 통해서 아이의 지능과 운동능력뿐만 아니라 생활습관, 일이나 사물에 대한 태도, 감수성, 판단력 등의 잠재적인 능력을 조사하는 테스트입니다.
　현대사회는 다양화가 진행되어 어느 문제도 한 가지 학문만으로는 해결할 수 없는 시대가 되었습니다. 복잡한 세계에서 활약해야 할 미래의 인재가 되기 위해서는 다른 사람들과 협력하여 문제를 해결하는 능력이 반드시 필요합니다.

　행동관찰 테스트에서는 먼저 주어진 과제의 의도를 파악한 뒤, 집단 구성원들과 논의를 거쳐 해결방안을 마련해야 합니다. **자기가 하고 싶은 대로 하는 게 아니라 주위 사람들과 협력해서 하는 것이 중요합니다.**

목적이 하나로 일치된 활동을 할 수 있기 위해서는 자신의 생각을 잘 전달해야 하고 친구들이 하는 일을 잘 이해해야 합니다.

예를 들어 다른 친구의 아이디어가 좋다고 생각되면 바로 "좋은데!" 하고 찬성한 뒤, "이렇게 하면 어떨까?" 하고 자신의 의견을 제안하는 등 전체를 파악하고 목표점을 예상해서 적절하고 확실하게 반응하는 것이 중요합니다.

이런 능력을 유아가 갖춘다는 것은 매우 어려운 일이겠지만, 평소에 자기중심적인 생활을 하지 않고 **남들과 공감하는 것의 즐거움과 약속을 지키는 것의 소중함을 알게 한다면 자연스럽게 습득할 수 있을 것입니다.**

일상생활 속에서 의사소통 능력 키우기

행동관찰 테스트에서 묻는 것은 자기 이외의 사람들과 적절히 관계를 유지하며 전체를 정리해가기 위한 협동성과 의사소통 능력입니다.

가정에서 인사하기를 실천하면서 집 근처에서도 아는 사람을 만나면 먼저 "안녕하세요!" 하고 인사하는 습관을 들이게 하세요.

집안일을 시킬 때도 그 **일 자체에 그치지 말고 이후에 전개되는 과정을 전체적으로 알려주면서 부탁하는 것이 좋습니다.**

이제까지는 식탁에 수저를 놓게 하거나 식기를 가져오게 하는 등 따로따로 부탁하던 것을 한꺼번에 시키는 것도 좋은 훈련이 됩니다. 예를 들어 메뉴가 전골요리라면 무엇을 준비해야 할지 전체를 생각해서 테이블세팅을 해보게 합니다.

공원에서 놀 때도 다양한 유형의 아이들과 관계하는 중에 여러 가지 것을 배울 수 있습니다. 문제가 생길 것까지 미리 예상하되, 우선은 아이 마음대로 자유롭게 놀게 해주세요. 미끄럼틀 타는 순서를 놓고 다툼이 생겼을 때 대처하는 방법, 놀이기구를 이용할 때 지켜야 할 기본규칙 등 즐겁게 놀기 위해서 따르고 지켜야 할 것들을 생각하게 하는 계기가 될 것입니다.

위험한 행동을 하려고 하면 그 즉시 제지해서 사고를 미연에 방지해야 합니다.

아이와 같이 외출했을 때 "저런 짓 하면 안 돼."라거나 "저 사람 못됐네." 하고 부정적인 말만 하지 말고 "저 아이 자세 정말 멋지다.", "저 아이는 활발하고 명랑하구나."와 같은 긍정적인 말을 많이 하는 것이 좋습니다.

아이가 따라하고 싶은 생각이 들도록 좋은 모습이나 행동을 많이 알려주세요.

그렇게 함으로써 다른 사람의 생각이나 행동이 마음에 들었을 때 그것에 찬성하고 동의할 줄 알게 됩니다.

체험의 장 늘리기

저희 교실에서는 자유놀이와 과제놀이로 다음과 같은 행동관찰 수업을 실시하고 있습니다.

● 자유놀이

매트 위에 종이, 납작한 유리구슬, 여러 가지 끈 등을 준비해 놓습니다. 아이들을 그룹으로 앉히고 재미있게 놀 방법을 이야기하게 합니다.

놀이 방법이 따로 정해져 있지 않은 소재를 통해 창의력을 끌어내고 재미있게 놀기 위해 필요한 규칙을 정할 수 있습니다. 유연한 발상을 할 수 있도록 말로 유도하고 지도하는 것이 중요합니다.

● 과제놀이

팀별로 크기가 다른 나무블록을 여러 개 주고, 1명씩 차례로 나무블록을 2개씩 가져가서 하나는 책상 위에 두고 나머지 하나는 책상 밑에 있는 상자에 넣게 한 뒤 마지막으로 책상 위에 있는 블록을 어느 팀이 가장 높게 쌓는지 경쟁해보게 합니다.

높게 쌓으려는 생각에 큰 블록만 가져가면 큰 블록이 금세 소진되어 결국은 높게 쌓을 수 없습니다.

놀이의 목적을 이해한 아이는 큰 것과 작은 것을 1개씩 가져가서 큰 것은 책상 위에 두고 작은 것은 상자 안에 넣어두면 된다는 것을 압니다. 그리고 나머지 팀원들에게 그렇게 할 것을 제안합니다. 팀원 전체가 그렇게 하지 않으면 승리할 수 없기 때문입니다.

이처럼 입시상황과 유사한 장면을 연출하여 반복해서 연습시키면 잘 못하는 아이들도 잘하는 아이를 보면서 "그렇구나. 이런 식으로 생각하면 되는 거구나." 하고 배우게 됩니다. **긴장하지 않고 평소에 자신이 갖고 있는 능력을 발휘할 수 있도록 지도함으로써 그때그때 임기응변을 발휘해서 수정하는 여유도 생길 것입니다.**

〈할 수 있을까?〉 행동관찰 ❶

동물 모으기(와세다실업학교 초등부)

| 과제 |

5인 1조로 실시한다. 다양한 종류의 동물 인형이 바닥 여기저기 놓여 있다. 그중에서 벽에 붙어 있는 인형 그림과 같은 것을 7개 골라 모은다. 후프 안쪽에 사각 천을 두르고 고무테이프로 팽팽하게 고정한 뒤 그 위에 골라온 인형을 올려놓는다. 바닥의 인형을 집을 때는 후프를 한 손으로 잡은 채 집어야 한다. '그만.' 하는 신호가 있을 때까지 진행한다.

| 관찰 포인트 |

① 각자 제멋대로 움직이면 후프를 서로 당기는 꼴이 된다. 어떻게 해야 할까?
먼저 집기 어려운 인형부터 집거나 가까이 있는 것부터 집는 등 집는 순서를 팀원끼리 상의해서 집고 있는가.
② 자신의 생각을 팀원들에게 전달할 수 있는가.
가까이 있는 아이뿐 아니라 팀원 전원에게 전달해야 상의한 것으로

인정된다.

③ 의견 통일을 주도하는 리더가 존재하는가.

팀원들의 의견을 모두 들은 뒤 어떻게 하면 좋을지를 제안하여 동의를 얻는 리더 역할이 존재하는가. 중심이 되는 아이에게 협력하는가.

| 평가 |

 합격

자신의 의견을 주장하고 다른 아이의 의견을 들으며 상의할 줄 아는 아이는 합격. 다른 아이의 의견에 동의하고 자신의 의견을 담아 협력한 아이도 합격.

 불합격

팀원들이 서로 상의하지 않고 게임을 시작하여 후프를 서로 잡아당기는 꼴이 되어버린다. 팀원 전원이 납득할 만한 제안이 나오지 않아 가위바위보로 정하려고 하지만 여전히 의견이 정리될 기미가 보이지 않는다.

〈할 수 있을까?〉 행동관찰 ❷

노래 · 모방체조 · 율동(릿쿄초등학교)

| 과제 |

20~30명씩 그룹을 지어 피아노 반주에 맞추어 동요를 부른다. 이어서 또 다른 동요를 이번에는 1절은 사회자의 동작을 흉내 내며 부르고, 2절은 자기 마음대로 율동하며 부른다.

| 관찰 포인트 |

① 피아노 반주에 맞추어 즐겁게 노래 부를 수 있는가.
  첫 번째 노래는 큰 소리로 활기차게 부르는지를 체크한다.
② 즐겁게 율동하는가.
  남자아이들이 율동을 하며 노래를 부르면 소란스러워지게 마련이다. 그런 상황에서도 약속한 대로 율동을 하고 있는가.
③ 독창성이 있는가.
  낯선 장소에서 처음 보는 선생님과 친구들에 둘러싸이면 불안한 마음에 다른 아이들에 휩쓸려 행동하게 마련. 그와 같은 상황에 좌우

되지 않고 상황을 즐기면서 자신만의 독창성 있는 움직임을 보이는가.

| 평가 |

`합격`

제멋대로 움직이는 아이들에게 "얘들아, 맞춰서 해!" 하고 말하거나 적극적으로 참가하는 자세를 보이면 합격.

`불합격`

다른 아이들 뒤에 숨어 목소리를 내지 않다가도 아이들이 떠들고 소란을 피우면 같이 큰 소리를 내며 떠든다. 주체성이 없고 상황 판단을 하지 못한다.

몸으로 배워요

보고 따라 해서 생각 전하기

자기소개를 하려면 먼저 자신의 생각을 정리해야 합니다. 초등학교 입시에서 "이름, 나이, 유치원(어린이집) 이름을 말하세요."라는 과제가 나오면 아이들은 3가지나 되는 이름을 말해야 하므로 우선 머릿속에서 정리해서 발표하려고 합니다.

신가카이의 6~7세반에는 '발표시간'이 있습니다. 수업을 시작하기 전에 친구들 앞에서 발표하는 시간입니다. 주제는 자유입니다.
어떤 아이들은 자기가 만든 점토인형이나 종이꽃, 마술 등을 발표합니다. 또 어떤 아이들은 휴일에 가족과 지낸 이야기나 식구들과 외식할 계획을 발표하기도 합니다.
어떨 때는 주제를 미리 알려주고 다음 시간에 발표하게도 합니다.

말하고 싶은 것이 있는데도 정리가 되지 않아 곤란해 하는 아이에게는 필요한 시점에 발표를 유도하는 말을 건넵니다.

"어떻게 말하면 좋을까 생각중이구나? 이렇게 말해보면 어떨까?"

처음에는 희망하는 아이만 발표하지만 그 수는 점차 늘어납니다. **선생님 도움을 받아가며 친구들 하는 것도 보면서 조금씩 생각을 정리하는 방법을 몸에 익혀가는 것입니다.**

큰 소리로 또박또박 말하기

생각을 정리했으면 그것을 확실하게 전달하는 연습을 합니다. 초등학교 입시에서는 개별 또는 집단으로 모아 놓고 시험관이 여러 가지 질문을 합니다. 이때 중요한 것은 답변 내용보다 답변 방식입니다.

질문에 답할 때는 어미까지 확실히 말하도록 지도합니다. 지도할 때는 "지금 답변 좋았어." "아까 쓴 말 아주 이해하기 쉬웠어." "목소리가 이전보다 커졌구나." 하고 잘한 부분을 구체적으로 지적하여 칭찬합니다.

그렇게 하면 아이들은 칭찬 받은 부분을 구체적으로 알게 되므로 "이렇게 하면 되는 거구나." 하고 자신감을 갖게 됩니다.

친구들에게 자신이 말하고 싶은 것을 확실하게 말할 수 있게 된 아이에게는 "너는 이야기를 잘하니까 말을 잘 못하는 친구들 이야기를 들어주는 일을 해주렴." 하고 역할을 부여합니다.

자신감이 없이 뒤로 물러서서 말을 거의 하지 않는 아이에게는 "교실에서는 틀려도 괜찮아." "많이 실패하는 아이가 훌륭한 사람이 되는 거야." 하는 말을 계속 해줍니다. 그리고 "앞으로 친구가 물어보면 대답해주자." 하고 격려해줍니다.

반복해서 연습하다보면 차츰 익숙해져서 말을 하지 못하던 아이도 조금씩 하고 싶은 말을 하게 됩니다.

자기 생각이 받아들여지는 기쁨을 한번 맛보면 하고 싶은 말이 샘솟듯 생겨날 것이고 자연스럽게 자신의 말을 전달하는 능력도 향상

될 것입니다.

초등학교 입시는 아이의 활기를 마음껏 표현하는 장이기도 합니다.

2박 3일 합숙으로 아이가 변해요

인생관을 바꾸는 소중한 체험

저희 신가카이에서는 7살 아동을 대상으로 겨울방학, 봄방학, 여름방학 때 2박 3일간 합숙 활동을 실시합니다. 특히 50년 넘는 역사를 자랑하는 여름합숙은 아이들을 변화시키는 큰 이벤트로 자리 잡았습니다. 여름합숙 활동에 참여한 아이들은 정신적으로 한 단계 더 성숙해진 모습으로 돌아옵니다.

합숙 프로그램에는 '점토로 모두를 응원해주는 생물 만들기', '도구나 재료를 이용하여 5미터짜리 거대 동물 만들기', '하이킹', '하이킹에 가져갈 도시락 싸기', '과제 노래에 맞는 춤을 창작하여 발표하기', '피구대회' 등 협력을 기반으로 한 다양한 활동이 포함되어 있습니다. 아이들은 이와 같은 활동을 통해 협동정신과 의사소통 능력,

리더십 등을 익히게 됩니다.

 단체생활의 규칙을 지키면서 지내는 동안 아이들은 많은 것을 배웁니다. 처음으로 부모 품을 벗어나 불안감에 눈물을 흘리던 아이들도 이와 같은 체험을 거치면서 점차 자신만만하고 의욕적인 아이로 발전해갑니다.

 '어떻게든 혼자 힘으로 해냈다'고 하는 성취감은 자신감으로 이어집니다. 합숙을 계기로 의욕적으로 행동하는 아이들이 적지 않습니다. 어쩌면 아이들에게는 합숙이 자신의 인생관을 바꿀 만큼 커다란 사건일지도 모르겠습니다.

 여름합숙은 스스로 생각하고 행동할 수 있는 자주성과 유연한 두뇌를 키우는 활동으로 신가카이가 오랫동안 지속해온 소중한 프로그램 중 하나입니다.

맺는말

사회에 공헌하는 인재 육성

　저는 30년 넘게 어린 남자아이들이 초등학교 입시에 도전하는 모습을 지켜봤습니다. 초등학교 입시에서 원하는 덕목은 '씩씩하게 인사하기', '친구들과 협력해서 목적 달성하기', '어려운 문제를 만나도 포기하지 않고 도전하기', '하려고 마음먹은 것은 끝까지 하기' 등입니다.
　이들 덕목은 나중에 사회에 진출하여 다양한 국면에 처했을 때 갖춰야 할 기본적인 조건이기도 합니다.

　두뇌가 유연한 유아기에 이와 같은 자세가 중요함을 알게 된 아이와 나중에 다 커서야 깨닫게 된 아이는 가치관에 많은 차이가 있습니다. '쇠는 달궈졌을 때 두드려라.'라는 말이 있듯이 좋은 가치관과 훌륭한 가르침, 좋은 습관은 가능한 한 일찍 아이에게 전달되는 것이 더 큰 성과로 이어질 것입니다. 이것은 사회발전에 공헌하는 인재 육성의 지름길이기도 합니다.

초등학교 입시는 자녀교육 중 하나입니다. 합격 불합격에 관계없이 이후 아이의 인생을 풍요롭게 하는 중요한 계기가 될 것이라고 믿습니다.

일관교육의 장점

많은 사립, 국립 초등학교가 초등학교 6년간과 중학교 3년간의 교육내용에 일관성을 유지하는 방침을 취하고 있고, 나아가 고등학교까지의 12년간, 대학까지의 16년간을 감안하여 독자적인 커리큘럼을 채택하고 있습니다.

일관성이 높을수록 학습내용과 인간관계의 공유도가 높아지므로 학력이 향상되는 것은 물론, 상급생과 하급생 간의 배려심과 자존감도 높아지는 것으로 알려져 있습니다.

일관교육이 갖는 최대의 장점은 뭐니 뭐니 해도 수험공부에만 매

달리는 일 없이 학업과 다양한 활동을 차분하게 진행할 수 있는 환경입니다.

일찍부터 목표를 정하고 목표달성을 위해 노력할 수 있으므로 도전 기회 또한 많아집니다. 미래의 친구를 사귈 기회가 많다는 것도 일관교육의 장점일 수 있습니다.

결과까지 포함해서 부모가 모든 책임을 진다

단 초등학교 입시는 중학교 이상의 입시와는 크게 다릅니다. 중학교부터는 편차치를 기반으로 본인이 희망하는 학교와 합격 가능한 학교를 정하는 수직배열 방식이지만, 초등학교 입시는 그렇지 않습니다.

초등학교는 학교 고유의 교풍이라는 게 있어서 아이의 성격이나 가정의 교육방침을 중시하는 편입니다. 학교 정보를 잘 수집해서 신중하게 선택해야 합니다.

초등학교 입시를 선택했다면 결과를 포함한 모든 책임을 부모가

지겠다는 각오를 해야 합니다.

어린아이가 하는 일인 만큼, 시험 당일 성적이 좋지 않을 수도 있고 평소와 다른 분위기에 압도되어 실력을 제대로 발휘하지 못할 수도 있습니다. 준비를 잘했음에도 좋은 결과가 나오지 않는 경우는 어른들에게도 있습니다. 절대 아이에게 상처를 주는 말을 해서는 안 됩니다. 불합격 결과에 대해 언급하지 말고 아이를 따뜻하게 칭찬해주세요.

아이가 결과를 궁금해 하면 '미안, 네가 본 시험은 합격했는데, 엄마가 가위바위보에서 졌어.' 하는 정도로 말해주면 됩니다.

초등학교 입시는 결과가 아니라 과정에 큰 의의가 있습니다. 초등학교 입시 결과는 좋지 않았지만 공부하는 습관이 든 덕분에 중학교 입시에서 좋은 성적을 거두는 아이들이 많습니다.

아이가 성장하는 계기는 개인에 따라 천차만별입니다. 그리고 바로 그 개인차에 교육의 묘미가 있습니다.

아이에게 입시를 어떻게 인식시킬 것인가는 매우 어려운 문제입니다. 저는 입시를 앞둔 아이에게 이런 말을 해줍니다.

'초등학교 교장 선생님한테서 초대장이 올 거야. 선생님하고 교장 선생님은 서로 친구 사이니까 멋진 모습 보여드리고 와야 해.'

그리고 '초등학교는 많지만, 다닐 수 있는 학교는 한 군데뿐이잖아. 엄마아빠가 너한테 딱 맞는 학교를 골라주실 거야.' 하고 말해 줍니다. '○○학교도 좋고 △△학교도 좋아. □□학교도 좋지. 공립 ◇◇학교도 좋아. 어느 학교에 가도 너는 잘할 거야.' 하고 응원해줍니다.

초등학교는 아이들이 꿈을 실현하기 위해 첫발을 내딛는 최초의 장소입니다. 두 번 다시 없을 꿈같은 시간을 부모와 아이가 함께 의미 있게 보내기를 기원하면서 이 글을 마칩니다.

지은이 씀

이이다 미치오 (飯田道郎)

신가카이 新芽会 교육연구소 소장.
1960년 후쿠이 현 출생. 와세다대학 정치경제학부 재학 중 신가카이 창립자 오오호리 히데오 大堀秀夫를 만나 입사. 초등학교 입시지도에 종사하며 다수의 합격 실적을 올렸다. 신가카이교육연구소·입시대책부장, 간사이 소장 등을 거쳤다. 남자아이 지도에 정평이 있으며 3,000명 이상의 제자를 명문교에 입학시켰다. 아이들 눈높이에서 일대일 지도를 통해 개인별 의욕스위치를 작동시키는 인기교사로 자리 잡았다. 좌우명은 '아이들은 놀이 속에서 깨닫고 즐겁게 배우는 체험을 통해 성장한다.'이다.

신가카이 (新芽会)

1956년 설립된 유아교육 연구소. 독창적인 교육방식으로 매년 다수의 명문 초등학교 합격자를 배출하고 있다. 수도권(도쿄)에 21개 교실, 간사이 지역에 3개 교실을 비롯하여 신가카이 교육방식을 도입한 영재교육형 아동돌봄서비스와 신가'S클럽 10개소를 운영하고 있다. 아동들의 자립심을 키우고 개성을 촉진하는 교육활동에 적극 참여하고 있다.

아이의 미래를 결정하는
남자아이 10살까지 키우기

2016년 12월 20일 **초판 1쇄 발행**
2018년 12월 15일 **2쇄 발행**

지은이	이이다 미치오 飯田道郞
옮긴이	김장일
발행인	김장일
발행처	우리교과서
디자인	스노우페퍼
인 쇄	삼진 프린테크

우리교과서
주소　　　서울 금천구 벚꽃로 254, 1204호
문의　　　02-2113-7535
팩스　　　02-2113-7536
신고번호　제396-2014-000186호
http://blog.naver.com/alienalingua

정가 14,000원
ISBN 979-11-87642-01-5
CIP 2016030789
이 도서의 국립중앙도서관 출판예정도서목록(CIP)은 서지정보유통지원시스템 홈페이지(http://seoji.nl.go.kr)와 국가자료공동목록시스템(http://www.nl.go.kr/kolisnet)에서 이용하실 수 있습니다.

파본이나 잘못된 책은 구입하신 서점에서 교환해 드립니다.